實現

達成目標的心智科學

Succeed

How We can Reach our Goals

Heidi Grant Halvorson, Ph.D.
海蒂・格蘭特・海佛森——著
王正林——譯

謹以此書獻給
我的丈夫喬納森、我的孩子安妮卡和馬克斯
以及我的母親西格麗德·格蘭特

目錄 | CONTENT

第三部　開始行動

推薦序　人們可以改變

為什麼我們無法堅持自己訂下的「新年目標」？如何確保自己按時完成即將提交的報告？為什麼有時候太關注學生的成績，反而使他們的成績下降？如何讓自己的目標與人生觀保持一致？為何有些憂鬱的人反而效率很高？

本書作者海蒂・格蘭特・海佛森（Heidi Grant Halvorson）熟知關於確定目標和實現目標的方方面面，你可以從這本書中獲得許多啟發。她不僅回答了前述這些（以及更多其他的）問題，同時分享了最新的心理學研究成果，去蕪存菁，以求這些知識能在讀者身上發揮最大實用價值。

海佛森博士不僅是傑出的作家，也是心理學研究者，主導了書中提到的多項學術研究。她了解人們的目標與其幸福感和成就感密切相關，在研究過程中，對於人們如何確立目標，以及為什麼有的人可以、有的人卻無法實現目標等問題，形成了鞭辟入裡的洞察。

她在書中精心挑選了許多和實現目標息息相關的研究實例，萃取其中的精髓與實用價值。有些心理學研究嚴謹縝密但缺乏實用性，有些雖然頗有意思卻又缺乏可信的依據。你在這本書裡即將讀到的所有內容，不但揭示了人類動機形成的基本過程，也一直謹守最高的學術標準。這正是此書的特別之處。

本書所傳遞的核心價值，就是人們可以改變。這不容易做到，但只要樹立正確的動機，了解正確的方法，那麼，改變是可能的。許多人心中可能一直都有個疑問：我該從何了解這些關於改變的知識？翻開此書，答案近在眼前。

身為海佛森博士的導師，我深感自豪。更令我振奮的是，我從她的成就及智慧中學到更多。當你一頁頁翻讀這本書，很快你就會明白我這話的意思了。

——史丹佛大學心理學教授　卡蘿・杜維克博士（Carol S. Dweck）

前言

我們為什麼無法實現自己的目標？不論是想給老闆留下良好印象、追求美好愛情、理順我們的財務，還是照顧自己的健康，我們都會覺得，人生中總是有某方面不夠好（而且通常不只一個方面）。我們想要做得更好，甚至也嘗試過，但不知為什麼總是功虧一簣，有時還會一而再，再而三地失敗。我們試圖找出失敗的根源，而大多數時候，我們認為根源在我們自己身上。我們會覺得自己似乎不具備達成目標的條件（不論這條件是什麼），這想法真是錯得不能再離譜了。

身為社會心理學家，我研究「成就」這個主題多年，仔細觀察過數千名實驗參與者，在職場、學校、運動場上以及我的實驗室裡如何追求目標。我請人們連續幾週，每天填寫日誌，描述他們在日常生活中如何追求目標。我閱讀了成千上百篇關於目標與動機的研究報告，透過觀察、實踐與學習，我得出了一些結論，現在就想和你分享其中兩項。

第一項結論是：關於失敗，大部分的人都找錯原因了。就連那些聰明睿智、成就不凡的人，也不明白自己為什麼成功或失敗。以前我沒有想過要研究「成就」這個主題，那時的我對於成就的理解並不比別人多。我的學習成績不錯，但體育十分糟糕，而我認為這是天生的。事實卻不然，沒有人是「天生如此」。我要學的東西還有很多。

另一項結論是：人人都能達成目標，而且可以做得更好。沒錯，我要再強調一次，人人都能。你要做的第一步是放下自己過去對成敗的看法，因為它們可能是錯的。你要做的第二步就是開始閱讀這本書。

你也許不曾注意到，美國政府一直在持續追蹤人們的成功與失敗。在政府官網（www.USA.gov）上，你可以找到一份「新年目標」一覽表，記錄了最受美國人歡迎且歷久不衰的「目標」。若是在那份清單上看到「減肥」或「戒菸」等字眼，也不必感到太驚訝。每年一月都有數百萬人為自己訂立一、兩個目標，就像你我一樣。我們發誓新的一年要讓自己更健康，重新穿上埋在衣櫃深處的緊身牛仔褲，或者成功戒菸，藉此省下一筆錢。

根據美國疾病管制與預防中心（CDC）最新發布的報告顯示，每三個美國人之中就有兩人超重，而其中一人屬於肥胖。體重超標者不僅要設法降低罹患心臟病和糖尿病的風險，還要竭力對付「苗條即時髦」的社會輿論。儘管書市上充斥著各類減肥書，人人都在制定減肥計畫，對於變苗條的渴望比誰都強烈，但是到最後，那些踏出了減肥第一步的人，只有相對少數能真的減輕體重並堅持下去。我們沒有變瘦，緊身牛仔褲還躺在衣櫥裡等著我們。

美國CDC同樣有在追蹤抽菸人口，據調查，如今美國有五分之一的成年人有抽菸習慣，每十位抽菸者中有七人表達過想要徹底戒菸的願望；在這些想戒菸的人（超過一千九百萬人）之中，有一半的人在過去一年裡曾嘗試至少戒菸一天，但是最後只有三百萬人堅持下來。也就是說，那些想要戒菸並且真正執行過的人，大約有八成五沒有辦法堅持到最後。儘管人人都知道抽菸嚴重危害健康，可每年還是有近五十萬美國人死於與抽菸有關的疾病。所以如果你有抽菸習慣，沒能成功戒菸，到最後或許你也會罹患與抽菸有關的疾病而死去。那八成五的人很清楚這一點。

既然如此，為什麼失敗率會那麼高？許多減肥或戒菸的人會失敗，顯然不是因為沒有動力，畢竟再沒有什麼比「我可能會死掉」更能讓人心生警惕。但是為什麼，人們就是無法達成這個健康至上的重要目標呢？最常聽到的答案，以及你最有可能想到的答案，就是「意志力」——我指的是人們內在力量中的某種特質，能使他們成功抗拒誘惑的特質。大部分的人都認為並相信這是性格問題，有些人天生意志堅強（身材苗條的人、不抽菸的人），我們因此而欽佩他們；有些人就是沒有意志力，我們覺得這樣的人就是弱者，無法成功，也不值得欽佩。

有趣的是，我們不但用一個名詞總結了別人的失敗，還用同樣的方法評價自身的不足。我數次聽到同事、學生和朋友說起他們「就是戒不了菸」，「就是抵擋不了甜點的誘惑」，「就是無法完成一項艱難的任務」。一旦認定自己就是沒有意志力去減肥、戒菸、克服拖延的陋習，為什麼還要費心去嘗試？做這些又有什麼希望呢？

嗯，希望還是有的，而且很大。因為意志力和你想像的不一樣，如果用一個詞來替換它，讓它聽起來不要這麼高深，也許會更有幫助。我們在這裡探討的，其實就是簡單的「自制力」——在追求目標的過程中指引你行動的能力，幫助你在面對誘惑和干擾時仍然緊盯目標、堅持不懈，直到成功。自制力極其重要，它是實現目標的關鍵要素，只是它發揮功用的方式也和你想像的不同。

成功者和自制力的悖論

首先，並不是只有某些人有自制力，而其他人沒有。如果真是如此，你會發現世界上所有人都能被清楚地劃分為「贏家」和「輸家」。掌控著自制力這種神奇力量的人是成功者，他們自始至終都成功，不論做什麼總是贏家；不具備這種神奇力量的人是失敗者，他們不論做什麼都將失敗。為什麼？因為這些人沒有任何自制力，甚至每天早上準時起床都是不可能的任務！

這顯然不是事實，贏家並非在任何事情上都會贏，也沒有人真的缺乏自制力到無法做好任何事情的地步。其實每個人都有自制力，只是有的人會比其他人多一些。而且正如研究顯示，即使是自制力極強的人，有時候也會克制不了自己。為了更生動地說明這個觀點，我請各位想一想那些極其成功的人士，他們是否也曾公開表明自己為了「減肥」或「戒菸」苦苦掙扎，難以自持。

公開談論自己多次減肥經歷的明星包括格萊美音樂獎得主珍娜・傑克森（Janet Jackson）、金球獎得主薇諾娜・瑞德（Wynonna Judd）、脫口秀女王歐普拉（Oprah Winfrey），奧斯卡得主伊莉莎白・泰勒（Elizabeth Taylor），以及艾美獎得主羅珊・巴爾（Roseanne Barr）、克絲汀・艾莉（Kirstie Alley）、蘿西・歐唐諾（Rosie O'Donnell）等人。也許你曾注意到，這些人經常出現在流行雜誌封面，有時她們驕傲地展示藉由健康飲食和刻苦鍛鍊換來的苗條身材，有時則是她們重拾舊習、體重反彈後的身材，外加一些非常不友善的評論。（如果你問我為什麼只列出女明星，並不是因為成功男人就沒有為體重而苦惱，只是女性更愛公開討論這個話題罷了。）

有時候我們不知道該做什麼或是該怎麼做，因而沒能實現目標。但更常見的一種情況是，即使我們準確地知道應該做什麼，可仍然會失敗。每個人都知道控制飲食、加強鍛鍊有助於減重，然而知道是一回事，付諸行動又是另一回事。大多數人都十分清楚這一點。不論是減肥、戒菸，還是修復（或結束）一段很糟的關係，即使我們了解失敗的下場如何殘酷，但我們還是一而再，再而三地犯著同樣的錯誤。

美國前總統歐巴馬以及他那反反覆覆的戒菸行動，也許是展示成功人士難以執行「新年目標」的最好例子。二〇〇七年二月，當時還是參議員的歐巴馬向

《芝加哥論壇報》表明了他徹底戒菸的堅定決心：「過去幾年，我曾經戒菸過好多次。這一次，我的夫人給我提出了嚴格要求——就算在競選期間的強大壓力下，也不能再度破戒。」

結果他還是沒有成功。二〇〇八年底，當選總統的歐巴馬告訴當時NBC的新聞主播湯姆・布羅考（Tom Brokaw），說自己已經戒菸，但是「偶爾也會舊癮重犯」。二〇〇八年十二月的《紐約時報》文章指出：「歐巴馬先生在接受各項採訪時心情愉快地聊到抽菸這個話題，不難看出他和許多發誓戒菸的人一樣，從沒能真正做到。」我們確實沒辦法知道總統先生到底是不是又開始抽菸了，而且他也不太可能在白宮草坪上抽菸，以免被人「當場逮住」。我當然希望他戒菸成功，但如果沒能戒掉，也沒必要大驚小怪，畢竟有些抽菸者試了十次以上才終於成功戒菸。

歐巴馬總統缺乏自制力嗎？不可能。若他出身名門，擁有新英格蘭貴族血統，那麼他從社區組織者開始，一路當上《哈佛法律評論》主編、州參議員、聯邦參議員，最終當選美國總統，也只能說是平步青雲，讓人羨慕罷了。但他沒有那樣的背景，他出生的家庭並不富裕，又是混血兒，除了具有非凡的智商和決心，他沒有任何優勢。就算不是他的支持者，也不得不承認，這傢伙確實知道如何實現目標。

先前我提到的名人都在各自的領域獲得卓越成就，他們之中有不少人克服了幾乎不可逾越的障礙和逆境，才有今天這番成功。無數的孩子夢想有朝一日能成為屢獲殊榮的藝術家，或是強大的世界領袖，但幾乎沒幾個人能做到；若不是具備非常強的自制力，很難取得這樣的功績。就算想獲得一般人眼中的成功，也需要不少的自制力。

回想一下你這一生到目前為止的成就吧，就是那些最令你感到自豪的成就。我賭你一定是付出了艱苦卓絕的努力，在大家選擇輕鬆一下的時候仍堅持不懈，並且時刻保持專注；當你想要放棄，去找些樂子時，你必須克服這樣的誘惑；在你自我感覺良好，覺得自己已經相當厲害時，你得坦率地剖析自己的不足，唯有這樣做，你才能獲得那些令你自豪的成就。

要實現目標，在各方面都需要自制力。毫無疑問，像歐巴馬總統這樣具有超乎尋常自制力的人，在戒菸這件事上卻還是反反覆覆，試了又試，這又該如何解釋呢？

到底什麼是自制力？

如果你理解了自制力的本質，這個問題也將迎刃而解。根據最近得出的一些有趣研究成果，心理學家開始明白，自制力很像我們身上的一塊肌肉。沒錯，它好比肱二頭肌或肱三頭肌。我知道這聽上去有些怪異，讓我來解釋一下。

如同肌肉一樣，自制力的強度各不相同，不僅因人而異，還會隨著時間而變化。極其發達的肱二頭肌有時也會疲倦，你的自制力同樣如此。在初期研究自制力（有時也叫做自律能力）理論的一系列實驗中，社會心理學家羅伊・包邁斯特（Roy Baumeister）和他的同事做過這樣一個實驗：在飢餓的大學生面前放一碗巧克力和一碗蘿蔔。[1]

每個學生面前都擺著這同樣的兩碗食物。研究者告訴其中一組學生，自己等一下會離開，而他們在獨處期間只能吃兩、三塊蘿蔔，不能吃巧克力；另一組（幸運的）學生則是只能吃巧克力，不能吃蘿蔔。和只能吃巧克力的學生比起來，只能吃蘿蔔的學生需要更強的自制力。對大多數人來講，光是生吞蘿蔔或者眼巴巴地看著巧克力卻不能吃，就已經夠難了，更何況是這兩種情境合二為一，同時考驗著他們。

為了測試這兩組學生的自制力消耗程度，包邁斯特又給每人出了一道智力題。這道題目有點難度，而且無解。包邁斯特只是想知道學生們會堅持解題多久才放棄。正如「肌肉」理論預測的那樣，吃蘿蔔的學生比吃巧克力的學生更快就放棄了解題，他們甚至說自己做完題目後，感覺更加疲憊了。

這項實驗跟你我有什麼關係？跟其他與蘿蔔毫不相干的情況又有什麼關聯呢？試著從這個角度來想：做完運動後，你的肌肉一定比剛到健身房的時候更加疲勞，體力也消耗了不少。同樣的道理，當你剛剛做完一件需要很多自制力的事情（比如製作一期電視節目），你可能也耗費了大量的自制力。最近的研究顯示，即使是在日常生活中做個簡單的決定，或者是試圖給別人留下好印象，都會消耗（自制力）這種寶貴的資源。那些在人生單個或多個領域都獲得成功的人，正是因為他們把大部分的自制力投入相應的領域，才會如此成功。如果每天都面臨很多壓力，不論是誰都會感到身體像被掏空一般，從而難以有足夠的自制力去達成目標。

在《歐普拉雜誌》的一篇文章裡，歐普拉總結了自己最近身材發胖的原因：「今年我終於意識到，我的體重問題不是因為吃得太多或者運動太少，而是因為生活失衡，工作太多，娛樂太少，沒有時間靜下心來。是我讓自己這口井乾涸了。」[2]

我認為最後那句說得太深刻、太準確了。如果你過度榨取你的自制力之井，它肯定會被榨乾。

我可以怎麼做？

現在，你也許會想：「好了，減肥失敗不是因為我缺乏意志力，而是因為我把意志力用來追求其他重要的目標，比如在工作上幹一番事業。很好，但知道這件事對我又有什麼幫助？」

絕對有幫助，因為你知道自制力是怎麼一回事之後，便可以制定更好的計畫。這將我們帶到了「肌肉」理論的另一個方面，也就是只要你能休息一下，你的力量就能恢復。消耗只是暫時的，自制力耗盡的時候最為脆弱，但你會發現，只要給自己一點時間，對抗誘惑就會變得更容易一些。讓自己放下一塊點心、一根菸，或者想到即將執行某項可怕的工作，都會令你的內心備受煎熬，但慢慢地你會發現，其實也沒有那麼難熬。如果你能熬過自制力消耗一空的階段，給它時間恢復，就沒有什麼大問題了。

此外，有時適當的激勵和獎勵也能幫助你克服缺乏自制力的時刻。心理學家馬克・穆拉文（Mark Muraven）和伊莉莎薇塔・斯雷薩萊娃（Elisaveta Slessareva）曾進行一項研究，讓參與研究的凱斯西儲大學學生觀看一段羅賓・威廉斯的五分鐘脫口秀。[3]研究者告訴一半的學生不准笑，而且他們的行為會被監控攝影機拍下來，對另一半的學生則沒有這樣的要求。由於影片非常搞笑，強忍著不笑需要很大的自制力，從而消耗了很多的自制力資源。為了驗證這種資源的消耗，研究者又給所有學生喝濃縮柳橙汁，但沒有放糖，而是放醋。這種「特調」果汁很難喝，但如果強迫自己還是能嚥得下去（就像強迫自己吞服感冒藥）；這個舉動需要自制力，但可以做得到。

穆拉文和斯雷薩萊娃的實驗並不是到這裡就結束了。他們告訴學生，每喝下一盎司的果汁就可以得到相應的獎金。研究者將獎金的金額不斷改變，並且進行了多組實驗。在獎金少的那一組（喝一盎司果汁獎勵一美分），看影片可以笑的學生比不能笑的學生多喝了兩倍的果汁，可以看得出後者的自制力消耗了不少。但獎金多的那組（喝一盎司果汁獎勵二十五美分）則沒有這樣明顯的差異，那些之前強忍不笑的同學也灌了不少果汁。

這是否意味著金錢能夠收買自制力？或者換句話說，獎勵可以補充意志？這麼說不完全準確，更確切的說法應該是：以獎勵的方法增強動機，可以彌補短時間內消耗的自制力。毋庸置疑，這正是許多減肥成功人士成功的祕訣——他們把食物以外的其他獎勵方式作為減肥的重要策略。當你太過疲憊而難以抵擋誘惑時，任何對你來說能增強動機的方法，都是讓你重新找到平衡的砝碼。

關於意志力或自制力，還有一件事與你想的不同：它既不是天生的，也不是不變的。自制力是後天得來的，可以透過鍛鍊逐漸變得強大；相反地，如果你不鍛鍊它，它會逐漸變得衰弱。只要你想，你也可以得到更強的自制力，就像增強肌肉性能一樣，你得定期鍛鍊。

最近一項研究顯示，每天堅持運動、記帳或記錄飲食情況，甚至不時提醒自己端正坐姿，都可以幫助人們提高整體的自制力。舉個例子，在一項實驗中，研究者要求學生每天都運動並且堅持下去，結果這些學生不但身體更健康，而且常常吃完飯就直接把碗洗了（而不是丟在水槽），衝動花錢的次數也明顯減少。

在另一個證明自制力可以透過定期鍛鍊而增強的研究中，社會心理學家馬修・加略（Matthew Gailliot）和他的同事讓參與者用非慣用手來刷牙、吃飯、開門、操作滑鼠等，並且堅持兩週。[4]（在同一個實驗的另一個版本中，參與者嚴禁說髒話，並且被規定要說完整的句子，「是」就說「是」，「不」就說「不」，不可以用「我」作為句子的開頭。）兩週之後，接受訓練的參與者明顯能更有效率地完成需要自制力的任務，甚至逐漸改掉了帶著成見評斷他人的習慣。

遺憾的是，人們一般很難做到這一點，但這並非本書討論的主題。

本書主題

我在前面花了很多篇幅闡述自制力，不只因為它很重要，它也是很好的例證，證明我們的直覺在有些看似明顯的事情上並不是那麼準確。它也證明了心理學這門科學的實用性，不僅能幫助我們了解意志力的本質，還能告訴我們如何獲得更多的意志力——假如我們想要的話。

然而這本書不僅闡述意志力，還描述如何實現目標。自制力只是這項難題中的其中一環。具體來說，想要成功，我們必須理解目標究竟如何發揮其作用，在執行的過程中常常會出現什麼錯誤，以及怎麼做才能幫助自己或他人實現目標。

關於實現目標，你聽過的多數建議通常顯而易見又一無用處。譬如我們都知道要「保持積極的心態」和「制定計畫」，還有「付諸行動」，但我為什麼要保持積極的心態？從頭到尾都要這樣嗎？（不。）我應當制定什麼樣的計畫？這很重要嗎？（是的。）我要怎樣採取行動？我知道，要減肥就得少吃多運動，可是我從來都做不到，這種狀況可以改變嗎？（當然。）

本書的建議可能會讓你備感驚訝，事實上，你一定會大吃一驚。這些可信的建議來自我本人主持的關於目標與動機的研究，以及國際頂尖心理學家們幾十年來嚴格進行的數百次實驗。

我很想把這本書取名為《成功：實現所有目標必知的三件事》，這樣我也許能多賣幾本書。但事情並非如此簡單，你需要知道的事情不只有三件。例如當你面對一個目標，你的腦海中會出現許多種建構目標的方式。你覺得這次晉升是你理想中想要實現的，還是必須要實現的？掌握課堂知識是為了培養技能，還是為了證明自己聰明？這些區別很重要：以不同方式構建的目標，需要採用不同的策略來實踐，而實踐過程中的誤差多寡也會有差異。以某種方式構建目標，可能可以讓你拼命努力，實際上卻一點也不熱愛自己所做的事；以另一種方式構建目標，可能培養出你的興趣和趣味，但說實話，也許不會讓你獲得耀眼的績效，至少在短期內是這樣。對於某些目標，自信是必需的；對於另一些目標，你是很肯定還是左右搖擺，似乎都沒有多大的差別。

雖然實現目標不只有「三件事」，但也不是過於複雜。在本書的第一部分，我會探討那些關於設定目標的普遍原則，無論你的目標是關於工作、人際關係還是自我發展，這些原則都適用。在第二部分，你將了解我們如何給自己制定各種類型的目標，並學會選擇在最重要的目標上下功夫。我會教你如何選擇最適合你個人的目標，以及如何引導孩子、學生或工作夥伴，幫助他們制定最能獲益良多的目標。在第三部分，我將一步步引領你分析常見的失敗原因，你將學到簡單卻效益極高的策略，避免踏入這些陷阱。

在過去的十至二十年間，社會心理學家開始研究目標如何對人們發揮作用。我從學術期刊和指導手冊中蒐羅整理了相關知識，收錄在這本書中，期望你能更有效地運用，幫助你達成目標。

第一部

準備就緒

Get Ready

第一章　你知道自己要往哪裡走嗎？

無論你想去哪裡，第一步是要決定方向。這聽起來太理所當然，以至於你想不通我為何要徒費唇舌。但令人驚訝的是，許多人還是忘記了這一點。沒錯，你覺得你為自己立了許多目標，但事實真的是這樣嗎？你是不是只想著要更幸福、更健康或更成功，卻沒有真正想過具體該做些什麼呢？你想做的事情很多，但其中有多少個願望轉化成為真正的目標？若不這麼做，我們的願望就僅僅停留在「希望能實現」的層面。想像一下，你盼著出門度假，但假如你的計畫只是停留在「我想去個暖和一點的地方」，可能最終哪也去不了，不是嗎？

所以，設定目標很重要。在這一章，我會列舉出各項研究結果來說明其中原因。如何確定目標（構建目標）與如何實現目標同樣重要，當你用正確的方式聚焦於正確的細節時，成功就離你更近一步了。

不要「全力以赴，做到最好」

要別人「全力以赴，做到最好」是一種激勵他們的好方法，對不對？我們聽過也說過這句話無數次，它的出發點是好的，本該是一句不會給人太大壓力的激勵口號，只求激發出人們最好的表現，然而事實卻並非如此。這句話其實是一種蹩腳的激勵方式。

因為「做到最好」這話十分模糊。我到底要做得怎樣才算是「最好」？假設你是經理，派屬下去開發某項利潤豐厚的新商機。這是非常重要的任務，工作量也相當吃重。你對屬下說：「鮑勃，在這件事上，你要竭盡全力做到最好。」但鮑勃的最好是多好？怎麼才能知道這項調查結果就是他做到最好的程度？鮑勃又怎麼會知道自己的「最好」能做到什麼程度？別人知道嗎？

事實上，沒有人聽到「做到最好」會心想：「我要精益求精，把這件事做到極致，做到沒有人能超越我為止。」這樣想很可笑，估計也要花很多時間，對你或鮑勃都沒有好處。我們反而會想：「我要做到讓老闆滿意，覺得我盡力了。」

嚴格說來，這種想法一點也不鼓舞人心。更諷刺的是，如果沒有確定具體目標，「做到最好」往往離「最好」相去甚遠——正是這句話導致我們表現平庸。

那該用什麼來取代「做到最好」呢？答案是明確且艱鉅的目標。愛德溫・洛克（Edwin Locke）和蓋瑞・拉森（Gary Latham）這兩位知名心理學家花了幾十年時間研究，證實了這個方法的確可以帶來卓越成效。[1]在世界各地上千例研究中，研究人員發現，比起模糊或過於簡單的目標，明確且有難度的目標更能激發人們的優異表現，而且兩者差異非常明顯。無論是自己或別人樹立的目標，還是和父母、老師、老闆或同事一起訂立的目標，無一例外。

為什麼明確且艱難的目標比「做到最好」更能激發動力呢？顯然，「明確」的目標代表明確的期望值（確定自己到底想要實現什麼），這就排除了設定標準過低的可能性，免得你安慰自己「已經做得夠好了」。如果奮鬥的目標不明確，人們很容易向疲憊、灰心或無聊妥協；如果你設定了明確目標，便再也無法欺騙自己。達成與沒有達成目標，兩者之間不存在灰色地帶。若是還沒達成，若是還想成功，你就要繼續努力。

那麼「艱鉅」這部分呢？設定艱鉅的目標，難道不會很危險嗎？標準太高，不會帶來很多問題嗎？難道這不是在「邀請」失望和失敗嗎？絕對不是！你看過《為人師表》（*Stand and Deliver*）這部電影嗎？片中的埃斯卡蘭特先生都能教會那些頑劣的學生微積分，想像一下，只要你敢於嘗試，你能做到什麼地步？當然，你不能設定不切實際或不可能實現的目標。艱鉅但可能實現，這才是關鍵。艱鉅的目標會在不知不覺中促使你付出更大努力，更加聚精會神緊盯目標。你會堅持得更久，也能更有效運用策略。

洛克和拉森的研究證實了明確且艱鉅的目標適用於各種不同的對象，比如科學家、商人、卡車司機、伐木工人等。在七〇年代初期的一項研究中，拉森發現木材搬運工背負的平均重量是法定上限的60％，因為公司並沒有明訂每個工人的每趟負重目標。這對公司來說既浪費時間又浪費錢，於是洛克給他們訂下了法定重量94％這樣一個目標。過了九個月後，洛克返回伐木場，發現搬運工人的平均負重已達到法定重量90％以上，為公司省下了大把的錢；這些錢換算下來，相當於現今的數百萬美元。

事實證明，如果給搬運工人制定更大的負重目標，他們就能搬運更多木材。人們通常會把事情做到被要求的程度，但很少會主動大幅超過這個程度。所以想要求某人做出優異的績效，只有把優異「具體化」，才能真正看到成果。給自己樹立高目標，你的表現就會更上一層樓。曾有人對近三千名美國聯邦政府的公職人員進行一項調查，結果發現，那些認為「我的工作具有挑戰性」和「我的工作團隊被賦予較高標準」的職員，在年終考察時通常也是表現最優異的一群。

被寄予這麼重的工作量，你覺得這些人活得很悲慘嗎？其實不然。設定並實現具有挑戰性的目標，除了能帶來優異績效，還有其他好處。回想一下你人生中那些充滿挑戰性的任務，和其他相對容易的任務相比，哪一種能讓你感覺更好呢？完成艱難的任務讓人快樂，因為它能帶給我們更大的滿足與成就感，進而提高整體的幸福感。要是任務太容易，就算完成了也會讓人覺得不足掛齒。近來一項研究顯示，唯有讓員工覺得自己的工作富有挑戰性，他們的工作滿意度、幸福感以及成就感才有可能在長時間範圍內呈現上升趨勢。

你可能想問，究竟是對工作的滿意度激發更好的績效，還是優異績效使人對工作更加滿意？這兩種說法都是正確的。對工作滿意使人們更加投入工作，對自己更有信心，從而給自己設定更多的挑戰，這又連帶提升了績效和滿意度，周而復始……設定明確且艱鉅的目標，便能創造出成功和幸福的無限迴圈——洛克和拉森稱之為高績效迴圈（high performance cycle）。[2]

你也可以在生活中開啟這樣的迴圈：第一步就是設定一些非常明確且具有合理難度的目標，第二步則是用最能激勵自己的方式來看待這些目標，才能進一步提高成功機會。

大局與細節

我們可以用很多種不同的描述方式，來形容或解釋你所採取的每個行動或目標。當你使用吸塵器，我們可以將這個舉動描述為「維持環境衛生」或「從地上吸走灰塵」；如果你想在數學考試拿到高分，我們可以將其解釋為「把大部分題目做對」，也可以解釋為「掌握代數演算」；倘若你經常鍛鍊身體，我們可以說你是為了「減掉五公斤」或者「維持苗條體態」。

你從什麼角度來看自己正在做的事？

在繼續閱讀之前，請先回答下面的問題，想想自己是如何看待自己在做的事。這些答案並沒有對錯好壞之分，請選擇最能夠描述你的行為，而且看起來最順眼的答案。

1. 列舉清單是：

a. 整理頭緒／b. 把事情寫下來

2. 打掃房間是：

a. 愛乾淨的表現／b. 用吸塵器清理地板

3. 支付房租是：

a. 保證自己有地方住／b. 寫支票

4. 鎖好房門是：

a. 把鑰匙插進鎖孔／b. 保證人身安全

5. 跟人打招呼是：
a.「你好」／b. 表示友好

請參考以下計分表，計算出總分：

1a=2／2a=2／3a=2／4a=1／5a=1
1b=1／2b=1／3b=1／4b=2／5b=2 [3]

如果你的得分達到或超過6分，也許你習慣用更抽象的方式來理解自己的行為，也就是說，在做某件事情時，你更在乎「為什麼」要做——在家推著吸塵器打圈圈是在「維持清潔」，打掃是希望家裡保持乾淨——你是從這個角度去理解吸地板這件事的。如果你的得分為5分或5分以下，可能你做事更注重實際，你會從你正在「做什麼」事情來理解你的行為——使用吸塵器就是在「清理地板」，這是實際上正在發生的事。

對於拿吸塵器吸地，這兩種描述都正確，並沒有誰對誰錯，然而兩者之間的差異非常重要。從抽象的「為什麼」到具體的「做什麼」，不同的思考方向對於激發動機各有利弊。在某些情況下，某種思維方式可能比另一種更能有效地幫助人們實現目標，訣竅在於懂得針對不同情況來調整思維。好消息是這一點也不難，你只要學會什麼時候該想「為什麼」，什麼時候需要想「做什麼」就行了。

讓我們從抽象開始說起，即「為什麼」的思考方式。從抽象的角度思考行為，可以激發活力與熱情，因為你把一件特定的事情（通常是小事）與一種更大的意義或某個更重要的目標聯繫起來，將原本看似不那麼重要或不那麼有價值的事賦予新的意義。例如加班一小時可以看作「職涯發展」而不是「多打六十分鐘的字」，這樣想或許能更勤奮踏實地工作。你做事的原因將不可思議地激發做事的熱情，所以不難理解，為什麼多數人喜歡用這種方式來看自己的行為。

此外，從「為什麼」的角度描述一件事，更有助於鼓勵並說服他人。如果你想讓孩子準備化學考試，與其要他打開課本硬背元素週期表，告訴他考出好成績將來更容易考上好大學，後者往往更有說服力。不論從哪個角度來解釋複習功課這件事，孩子都得了解「H」代表氫元素。具體地描述如何複習化學很難激發孩子的學習熱情，但是告訴他「為什麼」要這麼做，也許他就願意去做了。

那麼，從細節來看我們所做的事，思考自己究竟在「做什麼」，有沒有幫助呢？當然有幫助。當你要著手做一件困難、生疏、複雜，或是需要花很長時間學習的事情，這種思維格外有益。如果你從來沒有用過吸塵器，「用吸塵器清理地板」的思考方式就比「維持整潔」更能讓人理解自己在做的事。

舉個例子，心理學家丹尼爾・韋格納（Daniel Wegner）和羅賓・華勒謝爾（Robin Vallacher）請一些經常喝咖啡的人喝杯咖啡，然後要他們從三十種關於喝咖啡這件事的描述中，選出和他們剛剛的行為最相符的。（我敢打賭，你肯定想像不到人們可以用三十種方式來描述喝咖啡這件事，反正我是想不到。）兩位心理學家提供的選項包括比較抽象的、基於「為什麼」的描述，比如「滿足我的咖啡因嗜好」、「讓自己精力充沛」，以及那些更具體的、基於「做什麼」的描述，比如「喝一杯飲料」和「吞嚥」。

他們讓一半的實驗參與者用普通的咖啡杯，另一半則拿著一磅的笨重杯子。（有些人可能覺得這樣的杯子不算重，我應該說明一下，這是一九八三年的實驗，那時還沒有人喝像氧氣瓶那麼大杯的星巴克咖啡，半磅的杯子就算很重了。）在選擇描述方式時，用普通杯子喝咖啡的人更傾向抽象的描述。換句話說，在正常情況下，經常喝咖啡的人傾向用「為什麼」來解釋喝咖啡的行為。[4]

用笨重咖啡杯的人則明顯傾向於具體的描述，他們腦中想到的是具體行動，比如「把杯子舉到嘴邊」。這說明了要從很有重量的咖啡杯裡喝到咖啡，而且不讓它溢出來，這些參與者需要用具體的動作來理解喝咖啡的行為。他們得把重點放在自己正在「做什麼」（握緊杯子的把手，把杯子舉到嘴邊，吞一口咖啡），而不是「為什麼」這麼做，便能順利地從奇怪又陌生的杯子裡喝到咖啡。若他們想著「給自己提神」，那麼「提神」很容易就會變成「燙傷和弄濕衣服」。

韋格納和華勒謝爾在另一個實驗中也得到了同樣的結論。他們讓學生分別用雙手和筷子吃圓圈形的早餐穀片，結果用筷子的學生傾向於用「把食物放到嘴裡」和「移動雙手」來描述這個動作，而不是「減輕飢餓感」或「攝取營養」。這些實驗一再證實了人們在做有一定難度的事情時，從簡單具體的「做什麼」比從深遠抽象的「為什麼」來思考更有效。（這時你可能在想，社會心理學家是不是老愛看別人做一些奇奇怪怪的事，心裡就特別有快感，比如用筷子吃圈圈穀片，生吃蘿蔔，或是要人看搞笑影片的時候忍笑？沒錯，在學習統計學的時候，這些怪誕的研究確實佔用了我們大部分的時間。）

隨著經驗累積，做某件事情變得容易了，我們就會開始用更抽象的「為什麼」來看待它，把重點放在這件事的意義和目的上。例如在一項實驗中，平時不怎麼喝酒的未成年人常用「吞嚥」或「拿起杯子」來形容喝酒這件事，正在戒酒的人則喜歡把喝酒想成「緩解緊張情緒」或「讓自己不無聊」。不喝酒的人大概不了解人們「為什麼」喝酒；另一方面，酗酒者恰好明白太多喝酒的理由。

當人們以「為什麼」為出發點，總會想得更大更遠一些，把日常的微小舉動看成更重大目標的一部分，與之做出連結。因此，從「為什麼」思考問題的人比較不那麼衝動，也比較不容易受到誘惑，更有可能提早做好計畫。（好吧，如果這群思考「為什麼」的人是酗酒者，上面這種說法也許不太合適，但你知道我的意思。）思考「為什麼」讓人們更確定自己是誰以及想要什麼。這些人認為外界因素（比如他人、運氣或者命運）對自己產生的影響也相對較小。

當人們以「做什麼」為出發點時，會把關注焦點放在細節上，也就是盯緊從A到B的實際操作方法。雖然這類型的人有時鬥志不那麼高昂，也容易陷入「見樹不見林」的危險，但他們特別擅長在崎嶇的山路上駕車前行。當手上需要執行的任務格外複雜時，先撇開大局，把焦點聚在當下，更容易成功。

所以說，思考大局和思考細節，這兩種模式各有優劣，最佳策略是根據目標的類型來切換模式。這種切換有時候會自動發生，有時候不會，不時確認自己是否啟動了最佳思考模式才是重點。如果沒有，就趕快切換。要想變得激情滿滿，或是讓自制力大為提升，或者幫助別人達到目標，就要從「為什麼」的角度思考，想一想行為背後更大的意義。當一盤甜點擺在你面前，你想堅持自己的節食計畫，請提醒自己「為什麼」減肥；當屬下的業績乏善可陳，提醒他們「為什麼」業績十分重要——不光為了公司，也為了他們自己。

另一方面，若是追求某個格外複雜、艱難或不熟悉的目標，最好從「做什麼」的角度來思考。想要養成一個新習慣，最好把它分解成幾個具體步驟。第一次滑雪？請注意將膝蓋彎曲，與滑雪板的前端對齊。別想著要讓別人對你的速度和優雅姿態刮目相看，否則你可能會摔個四腳朝天。

完成接下來的練習，將有助你理解並實際運用這個方法。你可以準備一個筆記本，寫下我在書中提供的練習題。在學習新知識時，按部就班地做筆記是把新東西變成習慣的好方法。你的大腦終將學會如何自由運用這些新策略，所以現在多做筆記肯定是值得的。

如何從「為什麼」的角度思考

1. 寫下你最近因為缺乏動力或誘惑太多而無法完成的一件事。例如忍不住團購甜點，或是不能按時回覆重要郵件等，不管什麼事都可以。

2. 現在，寫下你「為什麼」想做這件事。你個人的目的是什麼？做這件事能幫助你實現什麼？若能完成這件事，你將如何從中受益？

當你下次再試著做這件事時，停下來想一想你剛剛總結的「為什麼」。反覆地這樣做，直到它成為習慣為止。（只要持之以恆，反覆練習，任何簡單的行為都能變成習慣，而且做起來易如反掌。）

如何從「做什麼」的角度思考

1. 寫下你想做但對你來說特別複雜、困難或陌生的一件事，例如你想自己架個網站但不會寫程式，或是你想開創一番新事業。

---

2. 現在，寫下你第一步應該做什麼。為了達到那個目標，你需要採取的具體行動是什麼？

當你下次再嘗試做這件事時，停下來想一想你剛剛總結的具體行動，並且聚精會神地去執行它。慢慢培養，很快這也會變成你的習慣。

現在與將來

在追求目標的同時，學習在「為什麼」和「做什麼」的思維模式之間尋找平衡，了解自己何時會用何種方法思考，絕對百利而無一害。這樣一來，你就能掌握自己的思考與行為習慣，做出相應的補償。我在前面幾頁說過，當某件事做得越來越熟練後，許多人會選擇從「為什麼」的角度來思考。影響思考角度的另一個重要因素是時間，尤其是從你開始計畫到著手行動的這段時間。你要明天就開始減肥，還是下個月才開始？你打算下週就休假，還是等到明年再去旅遊？最近的研究顯示，人們偏好用大而抽象的概念（強調「為什麼」）來考慮一段時間以後才會執行的計畫，而考慮近期的計畫往往會更加具體，也就是更加專注於要「做什麼」才能做好這件事。

心理學家雅各夫・特羅普（Yaacov Trope）和尼拉・利伯曼（Nira Liberman）進行一項實驗，讓一群大學生描述一系列的日常活動，其中一組學生要想像近期（例如明天）要做的每一件事，另一組學生則要想像較為遙遠的未來（例如下個月）要做的每一件事。兩位心理學家發現，想像明天要「搬家」的學生大多是從「做什麼」來思考，並且把這件事描述為「裝箱、搬箱」，而想像下個月才要「搬家」的學生則更喜歡「為什麼」的邏輯，將搬家描述為「新生活的開始」。

「為什麼」和「做什麼」的區別，對我們如何做選擇與決定有重要的影響，甚至可能將我們導向不同的麻煩局面。「為什麼」的思維會讓我們更看重心理學家所謂的「期待值」。換句話說，無論如何，做這件事或者追求這個目標都將導致一些好的事情發生。而這些好事到底多有趣，對我們多有益呢？這些都是我們在追求長遠目標時必須思考的基本問題。我花這麼多金錢和時間攻讀醫學院，畢業後能否實現夢想，甚至賺得可觀的財富？半年以後要在研討會上發表演講，對我的事業有沒有幫助，或者讓我和一些老朋友久別重逢？下個月聖誕節邀請公公婆婆來家裡住，孩子會不會很開心？如果答案是肯定的，那你大可採取行動。

「做什麼」的思考模式則更加具體，更重視可行性，意思就是你是否真的能做好你應該做的事情。你有多大的把握取得成功？這一路上有可能會遇到哪些絆腳石？當我們在考慮近期的計畫時，通常會花最多時間在想這些問題。以我現在的成績來看，考上醫學院的機率有多大？如果我下星期參加研討會，誰來幫我照顧孩子？明天親戚要來家裡，我該安排他們睡在哪裡才好呢？

你是否也有這種經驗，關於將來的計畫，不知為何一開始時聽起來不錯，但是當日子越靠近，就越覺得不對勁？我當初怎麼會同意做這件事情？我的生物成績這麼差，我怎麼會想去學醫呢？我怎麼會以為家裡能住得下十幾個人？一陣陣恐慌席捲而來，因為當你決定要當醫生，或者邀請親戚來家裡住的時候，並沒有多花時間考慮這件事情是否可行。你只想了「為什麼」，沒有想過該「做什麼」。如果說有什麼能讓你稍感安慰的話，那就是我們大多數人都曾一次又一次掉進這樣的陷阱。

由於我們習慣於用「為什麼」來考慮將來的事，而沒怎麼考慮如何實現這些目標；我們選擇了潛在報酬豐厚的目標，但若是缺乏具體的計畫，這個目標很可能會變成一場噩夢。

對於近期之內要做的事，我們則是犯下相反的錯誤。你曾多少次拒絕「一時衝動」的機會，不去做一些有意義、有趣或者有收穫的事情，只因為它們看起來有點麻煩？我曾經婉拒了一次免費的印度之旅，因為我覺得要在幾週內做好出國旅行的準備，壓力太大了。（我需要接種疫苗嗎？我能及時拿到新護照嗎？去印度需不需要辦簽證？出國這麼久，誰來照顧我的小狗？）如果我努力想點辦法，其實這些事都能辦好。儘管我明白這點，但我還是拒絕了。這個決定一直讓我非常後悔，以至於我後來還是去了趟印度，只不過不是免費的，而且花了我好幾千美元。我們很多人難以真正做到隨心所欲，或者抓住眼下無法預測的機會。我們把關注焦點過於集中在「做什麼」，忘了「為什麼」，也就是說過度糾結於細節，卻放棄了可能很有價值的機會（就拿我的例子來說吧，錯過了免費去印度旅行的機會）。

利伯曼和特羅普透過一系列精心設計的實驗，例證了人們在「為什麼」和「做什麼」間的權衡。在其中一個實驗，兩位心理學家要求特拉維夫大學的學生從兩份課堂作業二選一。其中一份作業無聊但容易（讓學生閱讀用他們的母語希伯來文撰寫的心理學歷史書籍），另一份作業有趣卻困難（閱讀用英文撰寫的浪漫愛情故事，雖然可以讀懂，但比母語閱讀困難許多）。研究者規定兩組學生都只有一星期的時間可以閱讀，他們可以選擇在接下來的一星期內完成作業（近期），也可以選擇過了八個星期後再開始讀，第九個星期交作業（遙遠的未來）。決定近期完成閱讀作業的學生幾乎全都選擇了簡單但無聊的作業，他們願意犧牲樂趣，避免麻煩；決定將閱讀作業拖延九個星期的學生，則不假思索地選了更難卻也更有趣的書。儘管第二個選擇在某種程度上顯得更有理想，但毫無疑問，兩個月後，當這些學生不得不頻繁查找字典時，他們很可能會對自己的選擇悔不當初。

由此看來，當我們考慮長遠的目標時，會看重潛在的回報，看輕實際執行的問題；當我們思考近期的目標時，往往只想著實際的問題，不考慮做這件事的潛在回報（例如是否讓我們感到愉快）。換句話說，我們像渴望探索新世界的探險家那樣來考慮未來，然而對於當下，我們卻更像凡事精打細算的會計師。

說到精打細算，人們做出涉及金錢的決定時，也會出現類似的偏見。不論參與何種類型的賭博，都要考慮兩件事：回報和勝算。回報是「期待值」，解釋你「為什麼」要賭博以及你將獲得的潛在報酬。勝算是「可行性」，解釋你實際要「做什麼」以及贏錢的機率有多大。在某個實驗中，有中獎率高但報酬低（獎金四美元）和中獎率低但報酬高（獎金十美元）的彩券，被安排當天就買彩券的學生大多選擇了前一種，而被安排在兩個月後買彩票的學生則做出相反的選擇。

另一個抽獎實驗也出現了類似結果。在現場開獎的抽獎活動中，人們會覺得可以抽中過濾水壺就好（這種獎品沒這麼貴又不是人人想要，中獎機率較高），但參加兩個月後才開獎的抽獎活動，大多數人都希望能贏得一台新音響（價值高，但中獎率低很多）。在任何涉及風險和回報的情況下（只要認真想想，你會發現世界上所有事情都涉及其中），儘可能仔細而客觀地衡量這兩方資訊是非常重要的。了解自己的思維方式如何受到時間影響，便能知道如何彌補這種天生的偏見，這樣不論是在當下或是將來，都能做出最佳決定。

「為什麼」和「做什麼」的思維差異，並非只影響了我們如何做選擇。在另一個實驗中，利伯曼和特羅普讓參與者提前安排工作與休假的時間，開始排休的日期區間分別從一星期後以及一年後開始。結果，參與者為一星期後開始的年度排休平均安排了六十八個小時，為一年後開始的休假則平均安排了八十二個小時。由此可見，人們會認為自己在一年後的今天可以更充裕地運用時間，但這並不符合現實。這種心理上的差異，解釋了為什麼我們感覺已經為各種目標和計畫預留了充足的時間，等到真正執行時卻常常覺得時間不夠用。

相較之下，實驗參與者為下週的活動做計畫時，工作和休閒的時間分配與另一組成反比，代表他們十分理智地認知到，花時間做這件事，就無法把時間花在另一件事上。有趣的是，在為未來安排時間的時候卻不是這麼一回事。參與者似乎將兩種活動以及各自所需的時間分開考慮，沒有意識到自己必須在兩者之間進行取捨。

若要實現目標，從「做什麼」的來思考，不僅能更有效率地安排時間，還能防止拖延。心理學家利伯曼、特羅普、尚恩・麥克雷（Sean McCrea）和史蒂夫・謝爾曼（Steven Sherman）邀請大學生做一份簡短的調查問卷，並在三週內透過電子郵件寄回給研究人員，以便贏得獎金。[6]在收到問卷前，每位參與者都要完成一項任務，目的是要引導他們進入在「為什麼」或「做什麼」的思維模式。為了鼓勵「為什麼」的思考方式，研究者給了學生一張清單，上頭列了十件事情，比如「開帳戶」或「寫日記」，請他們提出做這些事情的理由；為了構建「做什麼」的思維，另一組學生要寫下如何去做這同樣的十件事情。接著，研究者記錄他們用了多長時間來達成目標（也就是完成並寄回調查問卷）。採用「做什麼」思考方式的學生，比採用「為什麼」的學生平均早了將近十天寄回問卷。（在同一項實驗的另一個版本中，這個差距接近十四天。）所以，用「做什麼」的方式思考目標，能讓你更專注於採取行動，幫助你更快達成目標。相反地，過於重視「為什麼」做某件事，可能導致人們的行動產生拖延。

人們經常問心理學家類似的問題：「假設有A和B兩件事情同時擺在我面前，我是做A更好，還是做B更好？」例如，是發洩出自己的情緒更好，還是做點別的事，把注意力從煩心的事情上轉移開來更好？是把注意力放在犯過的錯誤更好，還是讓過去的事隨風而去更好？面對這些問題，我們常常只能回答：「嗯，這得看情況。」所以，如果你問我，是著眼大局更好，還是著眼細節更好，就是在逼我說出「看情況」這個回答。

具體來講，答案取決於你想要實現的目標。思考「為什麼」，著眼大局，有助於增強動力，使你專注於報酬，提升自制力與毅力。思考「做什麼」，著眼細節，專注於操作，在你執行一件困難或不上手的事情時最有幫助，使你順利完成任務，防止拖延。

想要達成更偉大的成就，不能只是採用某種固定的思維方式，而是思考怎麼做對自己更有利，達成目標，克服困難。

積極思考的利與弊

當你為自己設立了目標，或者正在致力實現目標，你也許已經非常清楚「積極思考」的重要性。相信自己，相信自己能實現這個目標，你就能成功。市面上專門闡述這個簡單觀點的勵志類書籍，已經多到汗牛充棟的地步。顯然這也是心理學家頗感興趣的研究課題。

樂觀的人似乎比較受歡迎，好消息是我們大多數人生性樂觀。在相關主題的研究中，心理學家發現，許多人（與自己同等社經地位的人相比）覺得好事更有可能發生在自己身上，比如事業成功、擁有房產、賺很多錢、活過九十歲；我們會覺得自己婚姻失敗、心臟病發、酗酒成性、買到黑心車的可能性較小。一般來說，這是好事。但我之所以說「一般來說」，是因為仍舊存在某些非常重要的限制。我們在積極思考的時候必須小心謹慎，並確保自己是朝正確的方向思考。你會發現，思考未來可以有很多種積極的方式。假設你的目標是減肥，你至少有兩種「積極思考」的方式：

1. 你可以對自己說：「我有能力減肥，並且有信心能達到目標！」換句話說，你可以積極地思考成功的概率。
2. 你可以對自己說：「我可以輕鬆抵抗甜甜圈和洋芋片的誘惑，並且嚴格遵守新的運動計畫！」換句話說，你可以積極地思考如何輕鬆克服困難，追求成功。

許多勵志書籍探討積極思考對於實現目標的重要性，卻把這兩種積極思考的方式混為一談。它們讓你相信自己終將勝利，而且可以輕鬆勝利。不幸的是，這麼想真是大錯特錯。因為第一種積極思考使人受益，第二種卻是失敗的根源。

讓我們先從第一種積極思考的方式來探討，即積極思考成功的概率。在研究「動機」的諸多理論之中，人們最廣泛了解並接受的理論當屬「期望值理論」（expectancy value theory）。整體來說，這項理論說明人們會受到下列兩個因素的激勵而去做任何事：一是成功的可能性（這是期望的部分），二是他們認為自己能從中收穫多大利益（這是價值的部分）。當然，激勵的力量越強，我們就越有可能達到目標。這並不是流行心理學那套自我感覺良好的無稽之談。相信自己能成功，真的會讓你更有可能成功。（這條法則有一個重要的例外情況，我將會在第四章描述那一類特定的目標。但大多數目標都符合這種情況，所以我先從簡單的說起。）

儘管相關主題的心理學研究數不勝數，我最喜歡的例子是《紐約時報》「健康與保健」專欄記者塔拉・派克波普（Tara Parker-Pope）對運動習慣的最新研究。這份報告發表於《行為醫學年鑑》（*Annals of Behavioral Medicine*）上，研究人們對於居家健身器材的使用習慣。[7]有非常多成年人都曾自欺欺人地幻想，如果家裡有一台跑步機或健身腳踏車，自己就會時時刻刻堅持鍛鍊。有這種想法的人實在太多了，多到我們很難找出從沒這樣想過的人。（我買的是踏步機，而我丈夫到今天還在為這事怪我。不過他買回家的那組槓鈴也經常害我絆倒。）那麼，究竟什麼樣的人會真正使用居家健身器材，而不是把它們當成擺設，在家裡沾灰塵呢？事實證明，那些相信自己確實能做到的人，比懷疑自己是否能做到的人更有可能在一年後依然堅持使用健身器材。（我得承認，在我買下那台踏步機時，我並不覺得自己有辦法堅持下去。事實上，我討厭踏步機。）

既然相信自己能成功是件好事，那麼，想像自己能輕而易舉地成功，抗拒誘惑、克服障礙，一定也是件好事吧！聽起來彷彿有些道理，實際上卻大錯特錯。

心理學家加布里艾兒・歐廷珍（Gabriele Oettingen）廣泛研究「相信自己能成功」與「相信自己能輕易成功」對人們的動機產生的不同影響，屢屢發現這兩種信念會將人們導向完全不同的結果。[8]例如某些肥胖的女性參加了一項減肥計畫，剛開始執行時，歐廷珍讓這些女性訴說自己對減肥成功的期望。鑒於前述關於積極思考的內容，聽到下面這個結果，你一定不會感到驚訝：相信自己終將成功減肥的女性，比相信自己定會減肥失敗的女性平均多減掉約十二公斤的體重。

歐廷珍同時調查了這些女性對減肥過程的想像，也就是說，了解她們想像中的減肥計畫會如何執行。比如看到公司餐廳裡擺著半盒剩下的甜甜圈，她們會如何抗拒這個誘惑。結果那些認為減肥很輕鬆的人，比認為減肥十分艱難的人平均少減掉約十一公斤的體重。歐廷珍和研究夥伴從各種相似的情形中發現了這個共通的現象。包括謀求高薪工作的應屆畢業生、尋找終身伴侶的單身男女，還有接受髖關節置換手術正在康復的老年人，不論是誰、試圖做什麼，成功的人不但有信心獲得成功，他們同樣相信成功之路不會一帆風順。

為什麼相信成功道路充滿艱險，對於實現目標如此重要？首先，儘管焦慮和擔心這種負面情緒會讓人感到不愉快，卻能激發強大的動力，激勵我們在問題出現前多花一些時間和精力去避開它。心理學家丹・吉伯特（Dan Gilbert）在他的著作《快樂為什麼不幸福》（*Stumbling on Happiness*）中寫道：「我們有時候想像黑暗的未來，只是為了把我們自己嚇得要死。」[9]我們會自己嚇自己，是因為這麼做對我們有好處。

上述研究顯示，相信追求目標是一項艱鉅任務，這樣的人會做更多準備，付出更大努力，並且為實現目標採取更多行動。他們知道自己必須真正奮力一搏，才能成功。相反地，相信找工作很容易的畢業生，寄出去的求職申請會少一些；想像自己會閃電般和暗戀對象墜入情網的人，在現實生活中很難談一場實際的戀愛；認為即將到來的考試好比小菜一碟的學生，顯然不怎麼複習功課；設想自己能輕鬆適應新換髖關節的患者，通常不會很認真做復健。到最後，那些覺得自己能輕易實現目標的人，無法做好充分的準備去迎接挑戰，只能在美好夢想破滅時感到悲痛欲絕。

那我該怎麼做，才能避免在實現目標的過程中落入白日夢，無法自拔？

就是在設定目標時積極思考實現目標之後的情景，同時切合實際地思考在實現目標的過程中自己該做什麼，歐廷珍稱之為「心智對比」（mental contrasting）。首先，你「幻想」自己已經達成目標，接著周全地思考會妨礙你實現目標的障礙。如果你大學畢業後想找份報酬豐厚的工作，首先設想自己被一家大公司錄用的情景，接著考慮你會遇上什麼障礙，比如和你申請同一個職位的其他優秀應徵者，他們是你的競爭對手。這種思維將促使你不得不寄出很多份求職申請，不是嗎？心理學家稱之為一種「必須行動」的感覺，是實現目標所需要的一種重要心理狀態。儘管幻想找到一份好工作或是與心儀已久的人墜入愛河是一件有趣的事，但幻想無法讓你取得任何實質進展。心智對比可以幫助我們把重點導向必要的行動，從而將願望與白日夢化為現實。

然而，只有當你全心全意去實現某個你確信自己能夠實現的目標，心智對比才能發揮功效。如果你不相信自己能成功，心智對比會讓你離目標越來越遠。從本質上來看，這種思考方式能促使你拋開無法實現的幻想，這也是它的另一項好處。搞清楚你想要什麼，以及是什麼妨礙你，可以使你思路清晰地做出更好的決策。也就是說，當成功的機率較高，可以增強你的決心，更有可能實現目標；當成功的機率不怎麼高時，有助於你認清局勢，放下包袱繼續前行。

拋棄幻想可能令人痛苦和失望，但為了你的身心著想，這是十分重要且必要的過程。只有意識到某些目標無法實現，我們才能為可實現的理想騰出空間。例如，唯有承認一段令人痛苦的關係再也無法補救，才能下定決心結束這段關係，釋放自己，讓自己有機會與另一個人建立起更加健康幸福的關係。當你發現攻讀醫學院學位是個無法實現的夢想，你才能放下這個夢想，退一步思考最適合自己從事的行業。

現在，回到你認為可以實現的目標上。歐廷珍和同事（我也是其中之一）從無數的研究中發現，認為自己能成功的人在運用心智對比策略時，通常比同樣自信卻一心幻想美好結局的人表現得更好。例如，十二歲的孩子學習外語，十五歲的學生接受大考前的暑期輔導，成年人努力尋找伴侶，護士設法與患者加強交流等，研究人員發現心智對比讓這些人付出更大的努力，激發更多的能量，做出更好的事前計畫，實現目標的比例在總數上來看更多。[10]

在另一項研究心智對比效果的實驗中，醫院的人力資源管理者經過兩週的培訓與實踐後，他們認為自己在工作上的時間管理得到了改善，做決定也更容易，甚至完成了更多的分配任務。有趣的是，和沒有經過訓練的成員相比，有受訓的成員重新分配了更多專案給其他管理人員。換句話說，他們更加清楚知道哪些專案自己做得到，哪些專案更合適讓別人來完成。他們的行為變得更理性、有效率，工作起來也更快樂。

那麼，效率和快樂又是從何而來？你得花點時間學習一個非常簡單的方法，對你想追求的任何目標都大有幫助。

運用「心智對比」設定目標

1. 拿起筆記本或一張紙，寫下你最近產生的願望或想法。可以是一件你想要做或是已經開始做的事情，例如去加勒比海度假、搬到洛杉磯去當一名編劇，或者減掉五公斤的體重。

2. 現在，想像一下願望實現時的美好結局。寫下這個美好結局的其中一項好處，例如你去加勒比海度假時可以不看電子郵件，愜意地躺在沙灘上放鬆身心，多麼美好。

3. 接下來，想一想你現在的狀況與這個美好結局之間存在著什麼障礙。例如我現在有些胖，我的美好結局是減掉五公斤的體重，而我的最大障礙是我超級喜歡吃乳酪。

4. 下一步，列出這個美好結局的另一項好處。

5. 接著列出另一個障礙。

6. 然後再列出另一項好處。

7. 再列舉另一個障礙。

現在，你覺得你成功的機率有多大？你應該追求這個目標嗎？將實現目標獲得的好處，與妨礙你實現目標的障礙進行一番對比，你就能更清楚知道自己有多少把握，以及自己有多少決心去實現這個目標。

在這一章，我們探討了設定明確且艱鉅的目標對提升動機的重要性。我們觀察了如何對自己和別人描述這些目標，以及不同的描述方式會如何對成功率產生不同影響。我們了解了充分利用積極思考（以及切合實際的思考）如何使我們受益。對正在看書的你們來說，即便現在立刻放下手中這本書，也比你們一開始的時候離目標更近了。

不要停下來，請翻到下一章，我們將探討你在生活中正在追求的目標。這些目標從何而來？為什麼你選擇了它們，而不是選擇其他同樣具有吸引力的目標？這些問題的答案也許會讓你大感吃驚。如果你想更明智地選擇目標，讓自己活得更快樂、更有成就感，那麼，你得了解自己一直以來把什麼事情做好了，而什麼事情需要有所改變。

要點回顧

我會在每一章的結尾簡要回顧該章節的要點並舉例，讓你一目了然，更有效率地在生活中實踐這些方法。

■ **設定明確的目標**。

設定目標時儘可能明確，例如「減兩公斤」比「減肥」更好，讓你清楚知道實現目標後是什麼樣子，知道你究竟要做到什麼程度，讓你自始至終受到激勵，保持動力。別把「做到最好」當成目標，太模糊的目標起不了激勵作用。

■ **設定困難的目標**。

在確切可行的基礎上，把目標或標準定得難一點，挑戰自己，才能真正激發鬥志（但也要避免不可能完成的任務）。記住，把標準定得太低，儘管可以達到目標，但無法超越自己，因為大多數人往往在達到最初目標後就開始鬆懈。沒有人會在將減肥目標設定為兩公斤的情況下，最後減掉八公斤。

■ **從「為什麼」或「做什麼」的角度思考目標。**

我們可以抽象地考慮目標，想「我為什麼要做這件事」，或者是具體地考慮目標，思考「我到底在做什麼」。例如整理淩亂的衣櫃，可以理解成「讓衣櫃更整潔」（為什麼）或者「扔掉從沒穿過的衣服」（做什麼）。當你希望自己充滿熱忱，或者想要避開誘惑時，請用「為什麼」的方式思考。當你在做一件困難、陌生或是需要花時間學習的事情，請用「做什麼」的方式思考。

■ **考慮「期待值」和「可行性」。**

我們在考慮長遠目標時，往往從「為什麼」的角度思考，使我們過於看重該目標令人渴望的價值與回報（比如去迪士尼樂園該有多好玩），而過於輕忽可行性（比如我怎麼付得起這趟旅行的錢）。另一方面，我們常自然而然地從「做什麼」來考慮近期目標，使我們變得太實際，忽略了生活可能帶給我們的美好體驗。設立目標時若能適當權衡「期待值」和「可行性」，才是最好的目標。

■ **積極思考但不要低估困難。**

確定目標後，積極想像實現目標的可能性。相信自己一定能成功，可以幫助你激發並保持動力。然而無論你要做什麼，千萬不要低估實現目標的難度。值得為之奮鬥的目標，大都需要時間、準備、努力和毅力來實現。若把事情想像成輕輕鬆鬆、毫不費力就能做好，只會讓你準備不足而導致失敗。

■ **運用心智對比法設定目標**。

在設定新的目標時，一定要幻想成功的情景，然後把阻撓你成功的障礙全都考慮進去。這個過程不但能幫助你更理智地做決定，還能適時調整你的動機，督促你以最大的決心去實現你真正想要實現的目標。

第二章　你知道目標從何而來嗎？

你知道嗎？並非所有目標都是「平等」的。比如有兩個人都希望事業有成，都朝著同樣的方向努力，但他們不一定懷抱著相同的目標。因為事業的成功關係到很多不同的因素，而且因人而異，例如如何獲得安全感或認同感，又或者與個人榮譽或個人成長有關，諸如此類。有些目標可以持續提升人們的幸福感，然而有些目標即使帶來了改變，也可能只是曇花一現。在面對巨大的困難或真正的挑戰時，有的目標會自然而然地引領人們堅持奮鬥，有的目標卻會讓人們陷入無助與沮喪。

成功不僅只是實現目標，享受奮鬥的過程，充分發揮潛力，也是實踐目標重要的一環。在接下來的幾章，我將說明為什麼每個人會有不同的目標、有什麼不同、如何找到最適合自己的目標，以及如何改變自己（或別人）的目標。然而在這之前，我們需要了解一件事，就是你現在已經選定的目標是怎麼來的？了解自己為什麼會選擇這樣一個目標，可以幫助你誠實且客觀地審視它，給自己重新選擇的機會和自由。

信念對於設定目標有極大的影響，這一點大家應該都知道。好比只有相信自己的數學技巧能夠更上一層樓，你才會下定決心去努力學習，否則沒有道理去做白工。我們的信念決定了這個目標對我們來說是可實現的，還是純屬浪費時間。接下來，我將重點分析幾個經常影響我們的信念，你會發現這些信念如何影響你，和你曾經做出的那些選擇。你會發現自己以前認為站得住腳的某些信念，其實完全是錯誤的。

當你發現，原來環境是影響你設定目標的另一個重要因素，你也許會非常驚訝。這種影響幾乎都是在無意識間發生的，換句話說，你不曾意識到生活中有這麼多提示和信號（包括他人的舉動）影響了你，讓你主動去追求各種目標。只要了解這些信號和提示如何影響我們，便能學習控制它們的影響力，甚至學會運用它們來幫助周圍的人構建目標。

信念如何塑造成功？

我們對自身優勢與劣勢的認知，大大影響了我們為自己設立的目標。如果我相信自己的數學和科學學得很不錯，那麼我就有可能把工程師當作我未來的目標。如果我覺得自己動作不協調、行動遲緩，我應該就不會想要加入大學籃球隊。我們對自身能力的信念影響了我們對未來可能性的認知，也影響了我們能夠創造的成就。

事實上，你認為自己是否能獲得某種能力，比你認為自己是否擁有某種能力更為關鍵。換句話說，你認為智力（或個性，或運動技能）是與生俱來、固定不變的，還是充滿可塑性呢？一個人可以變得比以前的自己更聰明嗎？心理學家把這些信念稱作「內隱理論」（implicit theories），指的是人們認為自己的智力（或是個性、道德觀和其他特質）可否改變。這些信念之所以「內隱」，是因為它們不一定被刻意或謹慎思考過。儘管我們可能從沒意識到這些信念的存在，它們依然無時無刻塑造著我們生活中的各種選擇與決定。

讓我們從關於智力的內隱理論開始，花一些時間完成下面的練習。

聰明究竟是怎麼一回事？

用幾分鐘時間回答下列問題，並且儘量誠實回答。數字1代表「非常不贊同」，數字6代表「非常贊同」，請依照你內心的真正感受來評分。

1. 你的智力是固定的，不可能大幅提升。
2. 智力是你本身無法改變太多的一部分。
3. 老實說，你確實改變不了自己的聰明程度。

現在把你得到的分數全部加起來。[1]

你覺得「聰明」是怎麼一回事？如果你相信智力是透過遺傳、與生俱來的，或是從兒童時期培育起來的，成年以後就固定了，不會改變，那麼你就是「固定論」者。前述問題的積分總和，你應該會得到10分或10分以上。「固定理論」（entity theory）認為每個人的智力都是一定的，就好像一個不變的實體，做任何事都無法改變其智力水準。換句話說，你要麼聰明，要麼不聰明。

如果你相信智力能夠借助經驗和學習來提升，只要努力就能變得更聰明，那麼你就是屬於「增長論」者。你回答前面問題得到的分數可能會低於9分。「增長理論」（incremental theory）認為智力具有可塑性，也就是說，無論是什麼年紀，人們都有機會變得更聰明。

內隱理論也可以聚焦於某種單一特質或天賦。例如多數美國人相信數學能力是固定不變的，要麼擅長，要麼不擅長。然而說到整體智力，人們的立場似乎一分為二，要麼站在固定論陣營，要麼站在增長論陣營。大部分人在做前述的練習之前，可能從來都沒有想過這個問題。不論你贊同哪一種理論，不論你以前是否有意識地思考過這個問題，可以肯定的是，它早已在無形之間塑造了你所選擇的人生和生活目標。

無論我們相信自己能夠或者不能提升並發展自己的能力，這樣的信念塑造了我們人生的方方面面。卡蘿・杜維克（Carol Dweck）與史丹佛大學心理實驗室針對內隱理論做了大量研究，她在著作《心態致勝》（*Mindset*）中詳述了信念如何影響生活的諸多方式。她發現，認為智力這類個人特質是固定不變的人，往往過於擔心自己無法獲得別人的認可。他們希望別人相信他們是聰明的（最起碼不是愚蠢的）。[2]他們希望自己看起來充滿智慧。若是靜下心來想想，這種想法也是挺合理的。

如果我擁有的智慧是固定的，那麼我一定會希望自己擁有很多，因為我再也無法透過任何方法或從其他地方獲得智慧了。想要當個聰明的人，不僅僅是驕傲或自我滿足這麼簡單——你希望自己有很強的能力，能夠成為一名成功人士，得到想要的東西。因此，如果你是智力固定論者，你的首要目標會是向自己和別人證明你的確非常聰明。只要一有機會，你就會想證明這件事。

固定論者選擇的目標，通常是為了證明自己的智力或能力。一般來說，他們會避開那些過於艱難的目標，喜歡在贏面較大的賭局下注。關於這一點，我可以說說我的個人經歷。我在攻讀碩士之前，可以說是個頑固的固定論者。我覺得某個人十分擅長學習某些特定科目，是因為他有那方面的聰明基因。此外，我和多數美國人一樣，相信心理學所說的「逆努力定律」（inversed effort rule），也就是說，如果你得非常努力去做某件事，表示你並不擅長做這件事。努力彌補了能力的不足，即所謂的「勤能補拙」。因此，我會選修對我來說相對容易的科目，也就是能讓我顯得聰明、讓人覺得我很厲害的科目。

我十二歲那年，央求父母給我買了一架鋼琴，並且上了一年的鋼琴課。後來我意識到，就算我只是當一名還算像樣的鋼琴家，也得付出大量努力來完成艱辛的訓練，於是我放棄了。對於這個決定，我一直感到很後悔。由於我的半途而廢，我再也沒機會體驗彈鋼琴可能帶給我的愉悅和滿足，儘管我彈得不是特別好。固定論者時時刻刻都在用這種方式欺騙自己，他們集中太多精力來證明自己，卻放棄了可能使人生經歷更加豐富的體驗。

增長論者則往往相反。當你認定自己的能力（不論是什麼能力）可以隨著時間成長提升，就不會太過執拗地證明自己很聰明，而是努力培育自己的智慧。挑戰對你來說不是威脅，而是學習新技能的機會。犯錯不代表你很愚蠢，相反地，你會覺得錯誤有助於學習和成長。

我的母親直到現在還能學會許多新東西，這件事讓我備感驚奇。她在成長過程中幾乎沒有接觸過那些技能，也沒有受過正式的訓練，透過自學，她學會了炭筆素描、縫製被子、園藝造景等。她還會修整傢俱，在自家院子周圍砌起一道石牆，那些石頭都是她親手從家附近挖來的。並不是說我母親從沒出過錯，她當然搞砸過，特別是當她學著做一些完全陌生的事。她剛開始學縫被子時，目標定得太大，針腳也不完美；她種的植物常常枯萎，她砌的部分石牆還倒塌了。即使如此，母親從這些失敗經歷學習，並且堅信自己「最後一定可以掌握竅門」。因為我的母親是一位增長論者。

為了證明內隱理論確實塑造了人們的選擇，杜維克請來一些高中生和大學生，讓他們說明自己在課堂上追求的目標。結果發現，認為智力固定不變的學生大多贊同「儘管我不想承認，但比起在課堂上學到很多東西，我更在意自己在課堂上的表現是否良好」，以及「如果我知道自己無法漂亮地完成某件任務，就算能從中學到很多東西，我可能也不會去做」之類的表述。認為智力是可以增長的學生則贊同「在課堂上學到新知識比拿到最高分重要」之類的表述。

在另一項針對大學生的研究中（這次的實驗對象是香港大學的學生），杜維克和她的同事發現，信念會影響人們現實生活中的某些重要決定。香港大學的課程幾乎都用英語授課，有的學生剛入學時還無法熟練運用英語，因此杜維克問這些學生有沒有興趣參加英語能力的補救課程，來提高自己的英語水準。結果只有認為自己可以變得更聰明的學生（增長論者）對這類培訓有興趣，而其中73%的學生願意參加培訓。認為智力固定不變的學生（固定論者）多半不願參加培訓，而這些學生之中只有13%的人表達了參與的意願；他們之中的多數人相信補救課程對英語水準的提高沒有實際幫助，而且參加這樣的培訓可能會暴露他們英語水準不高的事實。[3]

本性真的難移嗎？

內隱理論不僅適用於智力，事實上，它可以套用到所有事物上。你或許認為江山易改，本性難移，人是不會輕易改變的；又或者，你相信人的性格是可以被塑造的。即使是小小年紀的孩子也會受這些信念影響，尤其體現在人格特質的發展上。

杜維克找來一群十至十二歲的男孩女孩做實驗，詢問一系列關於友誼「目標」的問題。認為個性無法改變的孩子，比其他同伴更加看重自己受歡迎的程度，也更小心不讓自己被拒絕。情人節時，這些孩子會送禮物給團體中最受歡迎的人，期待能受到他們的青睞，而那些避免被拒絕的孩子只會把禮物送給確定會回禮的對象。另一方面，相信自己各方面都會隨著時間不斷成長的孩子，在交朋友時往往是以拓展人際關係為目標，例如在情人節時把小禮物送給自己想更進一步認識的對象，藉此打開友誼之門。[4]

我們在課堂之外發現了同樣的模式，甚至套用到擇偶也不例外。相信個性不會改變的人希望交往對象將自己視為完美的化身，讓自己感覺良好，充滿自信。他們會選擇那些認為「能和你在一起是我三生有幸」的伴侶，然而當兩人發生爭執、互相指責時，很快就會分手。認為個性可以改變的人似乎更喜歡有話直說的伴侶，藉此共同成長，並且更有可能將戀愛過程中遭遇的「難關」視為進一步了解彼此的機會。

心理學家珍妮佛・比爾（Jennifer Beer）透過實驗發現，害羞的人對自己害羞這件事也有不同的理論，而這些理論影響著他們與外界交流的方式。[5]比爾在實驗中安排害羞的人與另外兩人對話，並且告訴他們對話將會全程錄影。其中一人善於交際，害羞的人將可以從他身上學到寶貴的社交技巧，但缺點是相較於對方的風度翩翩，自己在錄影過程中將會顯得尷尬而笨拙。害羞的人也可以選擇與另一個比自己更害羞、社交能力更差的人對話，雖然學不到任何東西，起碼在錄影中的表現不會太差。

結果顯示，認為「只要我想改變，就能改變這麼害羞的自己」的人傾向於把握學習的機會，即使那會使他們看起來很傻。相比之下，認為「害羞是我無法改變的特質」的人偏愛讓自己表現較好的機會。當我們相信自己在某方面無法改變時，我們追求的目標會著眼於如何將自己最好的一面呈現出來。諷刺的是，這種目標往往阻止我們改變，讓我們無法學習與成長。

如何擺脫困境？

你是否發現自己經常在逃避困難，謹小慎微，固守著明知很容易就可以達到的目標？有沒有哪些事情，是你從以前就認定自己永遠也做不好的？有沒有哪些技能，是你認定自己永遠也無法掌握的？如果這樣的事情和技能有很多，毫無疑問，你就是固定論者，而且你相信你被現在的自己「困住」了。這樣的信念可能以超乎你想像的方式決定了你今後的人生軌跡。如果固定理論是正確的那就算了，但是它並不正確，而且錯得離譜。

讓我們再次以智力為例（你也可以將這項論證套用在性格特質上）。我並非試圖暗示基因對我們的智商與聰明才智完全沒有影響。確實，聰明的父母常常生出聰明的孩子，但正如心理學家理查・尼斯比特（Richard Nisbett）在其著作《開啟智慧：其實你我都可以更聰明》（*Intelligence and How to Get It*）中所指出，聰明的家長遺傳給孩子的絕不是一堆染色體那麼簡單。他們在家裡營造出良好的學習氛圍，讓孩子有更多的學習機會，並且經常與孩子交流。他們賺的錢較多，因而可以提供孩子更好的教育機會，把孩子送到更好的學區。聰明的父母提供給孩子開發智力的機會，比一般家長要多得多。[6]

你不相信嗎？看看那些來自教育落後地區的弱勢兒童，當他們被賦予同樣的機會時，會發生什麼事？他們變得更聰明。舉個例子，讓我們看看KIPP特許學校[①]的情況。和許多KIPP學校一樣，紐約布朗克斯區的KIPP學校主要招收貧困和少數族裔學生，他們在家中幾乎無法獲得家人的學業輔導、支持和鼓勵。KIPP則為學生們提供了積極的教育氛圍，明確指出遵守紀律和勤奮刻苦的重要性。這些學生早上七點半到校，下午五點放學，週六和暑假也要學習。老師會進行家訪，並且堅決要求學生無論何時都要尊重他人，禮貌待人。老師的電話會全天保持暢通，好讓學生需要幫助時能隨時找到他們。這些學生在課外的時間也投入學習，老師則為他們提供了在家中缺乏的關愛和支持。

① 編註：KIPP 為「知識就是力量」計畫（Knowledge Is Power Program）的縮寫，是全美最成功、影響力最大的特許學校體系。特許學校（charter school）是指接受部分公費補助的私營學校，其成立與經營須經過法律特別允許，與多屬於教育革新的實驗學校。

這些努力獲得了怎樣的效果呢？超過80％的KIPP學生，其算術和閱讀能力達到或甚至超越了該年級的平均程度，這個比例是紐約市普通學校學生的兩倍。根據KIPP提供，「資料顯示」這些八年級畢業生的閱讀與數學成績勝過全美國74％的畢業生。這是一項了不起的成就，因為這些學生剛入學時，他們的平均成績大概在全美平均成績的28％。擁有學習機會後，這些學生真的變聰明了。

卡蘿・杜維克用了另一個方式，來證明學生在適當的環境中學習能變得更聰明。在這個例子中，「適當環境」是指杜維克明確地告訴這些學生，智力是可以透過經驗與學習來提升的。也就是說，她讓學生處在一種信奉增長論的狀態之中。杜維克把紐約幾所公立學校的七年級學生分成兩組：一個是對照組，另一個是信奉「你能變得更聰明」理論的干預組。學生們每週和研究團隊的成員見面一次，每次半小時，連續八週。每次見面時，研究人員都會透過以科學為基礎的閱讀、活動和討論，來教導學生關於大腦的知識，解釋大腦如何學習與成長，並且強調智力是可塑的，可以透過經驗和學習來提升。

對照組的學生花了同樣多的時間學習大腦其他方面的知識，例如記憶力如何運作，但內容完全沒有涉及任何與智力增長有關的討論。結果，對照組學生的數學成績在這一整年內變得越來越差（很不幸地，在小學升初中的第一年，這種趨勢很常見）。然而實驗干預組的學生在接受了智力可塑理論的特殊訓練後，數學成績反而有所提高。這意味著，要變得更聰明，首先要相信人類有是可能變得更聰明的。也就是說，我們的信念可以開啟（或者關閉）那扇門。[7]

尼斯比特認為「智商的可遺傳度不會限制其可能的可變度」。[8]換句話說，即使你的基因在某種程度上決定了你的最初智力（或者你兒童時期的性格），但不代表它們預示了你最後會有多麼聰明。我們在接二連三的研究中發現，那些有機會和熱忱去提升自己的技能與知識的人，確實會變得更聰明。不論你怎麼去衡量，是用智商、智力測驗還是學科成績，都能明顯地看出智力有著極大的可塑性——而且經驗十分重要。如果你以前一直認為自己的聰明才智只有這種程度，以為自己就是不擅長數學、寫作、電腦或音樂，也許是時候把這整套理論全部扔掉了。它們對你只有壞處，沒有好處。

自動導航模式

說到設定目標，大多數人會把它想像成一個刻意的、審慎的舉動。我們衡量利弊，評估成功的概率，一旦決定了某個目標，便會全力以赴地實現它。我們認為這一切都是有計畫的，跟偶然、意外和衝動沾不上邊。的確，當我們訂定目標時，通常都是有目的、有意識的。然而並不是所有目標都是這樣。說實話，大部分目標都不是這樣。你在日常生活中追求的絕大多數目標，都是在毫無意識的情況下發生的。

這聽起來有些詭異，但人類之所以有這種行為，有許多很好的理由。首先，我們的顯意識，也就是我們腦袋裡隨時在處理思考與知識的部分，它的能力出乎意料地有限。顯意識在同一時間內只能處理有限的資訊，否則會產生混亂和遺漏。我們的潛意識則是另一回事，它的資訊處理能力極為強大。舉個例子，如果你的潛意識思維可以儲存的資訊量相當於美國國家太空總署的超級電腦，那麼，你的顯意識思維儲存的內容大概只有一張便條紙這麼多。

因此，我們的大腦會儘量將某些任務交給潛意識來完成，好讓我們能更有效率地思考。一般而言，我們做某件事情做得越多，我們的「處理過程」就會變得越發自動化。許多成年人都有過這種經歷：工作了一整天後，下班開車回到家裡，忽然發現自己完全記不得剛剛是怎麼到家的。在這段路上，你的顯意識被各種其他的事情佔用了……然後，不知不覺間，你到家了！幸運的是，你的潛意識是個技術嫻熟的駕駛，它甚至還會指揮你在遇到紅燈時停車。儘管你並沒有刻意告訴自己「我要回家」，但你的潛意識知道你的目的地，所以帶著你回家。

要是你並沒有一直想著「我要回家」，那潛意識是怎麼知道的呢？原來，你生活環境中的各種提示信號會觸發你的大腦，形成目標：太陽快要下山，工作已經完成，你已經坐上你的車，這些提示信號都在告訴你的潛意識思維，該回家了。提示信號會和某個特定目標一而再，再而三地綁在一起，在你沒有意識到的時候啟動那個目標，直到你安全到家，將車停進車庫。有時候，我們根本沒有意識到，其實自己正在追求某個目標。

神奇的觸發因素

環境中的哪些因素，會觸發潛意識思維追求某個目標呢？我們才剛開始理解並識別這些潛在的信號來源，不過簡單來說，任何事情都有可能觸發我們，督促我們去追求目標。

例如，與目標相關的文字或圖像能引起觸發作用。在某個實驗中，心理學家約翰・巴奇（John Bargh）和彼得・戈爾維策（Peter Gollwitzer）觀察人們參加一個稱為「資源困境」的電玩遊戲。[9]在遊戲中，人們要從池塘裡釣到儘可能多的魚，以獲得最大利益並贏得遊戲。但是和現實生活中一樣，池塘裡的魚被釣走越多，剩下的魚就越少，到時遊戲中的每個玩家，包括你自己，都會面臨無魚可釣的困境。所以玩家必須互相合作，每個人釣到一條魚可以選擇保留（個人獲利最大化）或放棄（集體獲利，從而有利於個人的長遠利益）。

在遊戲開始前，巴奇和戈爾維策讓部分參與者用一堆詞彙來造句，包括助人為樂、支持、合作、公平和分享等。結果令人驚訝，這些參與者只是簡單地閱讀這些詞，就能觸發潛意識的合作目標。他們比起在遊戲前沒有閱讀這些詞彙的參與者多放生了25％的魚。實際上，他們放回到池塘中的魚的數量，和在實驗開始前就已明白並刻意樹立合作目標的參與者（對照組）所放回的魚的數量完全相同！這值得我們停下來思考一會兒。也就是說，刻意選擇的目標，與完全由潛意識觸發的目標，帶來了相同的結果。在動機科學的研究中，這算是一個比較新鮮的發現，而且屢次得到證實。樹立目標很重要，但究竟透過什麼管道而樹立，似乎就不那麼重要了。

在另一個實驗，巴奇和戈爾維策讓學生玩一種拼字遊戲，利用隨機放在一起的字母拼出英文單字。每個人都在裝著對講機的房間裡獨立完成遊戲（他們不知道房裡還有攝影鏡頭），兩分鐘後，研究員會透過對講機指示學生停止拼字。然而在遊戲開始前，其中一半的學生先玩了另一個單字搜索遊戲，搜索與達成目標相關的單字，比如贏、成功、奮鬥、主宰，當然還包括成就。巴奇和戈爾維策發現，這些潛意識被暗示的學生，有57％的人在聽到停止指令後還在繼續拼字；潛意識沒有被暗示的學生，只有22％的人沒有立刻停止。

現在看來，那些印著「團隊合作」、「萬眾一心」等字樣，試圖「鼓舞人心」的海報，也許並沒有那麼可笑。許多人看著那樣的海報，心想：「是喔，就因為我不得不整天盯著印有『成功』字樣的海報，我就會更有熱忱，充滿幹勁。到底誰會在乎一張愚蠢的海報？」你的潛意識思維的確在乎，而且你不會發現這些海報和標語在潛移默化之間對你產生了什麼影響。

然而並不是非得看到與目標相關的詞語，才能觸發潛意識。其他的研究表明，只要是能實現目標的手段和方法，都可以觸發潛意識去完成目標。只要從健身房旁邊走過，就能激勵人們去鍛鍊身體；只要看到一盤水果和蔬菜，就能提醒我們要健康飲食。（我經常在我的生日或特別的紀念日前夕，刻意帶著丈夫經過珠寶店，結果不只一次收到禮物。）

其他的人也能觸發你的潛意識目標，特別是那些和你關係密切的人，而且你知道對方想讓你追求這個目標。心理學家詹姆斯・沙阿（James Shah）曾採訪過一群大學生，試圖了解他們的父親對學業成績的重視程度。[10]他讓這些學生做一連串困難題目之前，在沒有意識到的情況下看見自己父親的名字，結果發現，父親特別重視成績的那些學生不僅做題更努力，成績也更好。此外，學生和父親的關係越是親近，這種影響就越強烈。

研究結束後，這些學生根本不覺得自己剛才有特別努力。他們在潛意識中想到了他們的父親，觸動了追求優異成績的目標，而且在過程中完全沒有察覺。有趣的是，當人們潛意識想到自己的親人，但這個人並不支持自己的某個目標，就會阻礙人們對該目標的追求。若你的潛意識想到母親在搖手指或發出失望的嘆息，你就不太可能喝得酩酊大醉，或是把所有的碗都堆在水槽裡不洗。不過，在某些特定情況下，這種潛意識可能產生反作用。最近一項研究顯示，那些叛逆的學生一想到自己熱衷於學業成績的父親，反而更不想用功了，成績也變得更差。不過既然是「叛逆」的學生，他們的潛意識通常也會唱反調。

值得注意的是，就連不認識的人的目標，都可能成為觸發你實現目標的因素。心理學家把這種現象稱為「目標感染」（**goal contagion**）——因為在某個潛意識層面，目標的確很有感染力。[11]看到某個人在追求某個特定目標，也能提高你追求目標的意願。

在早期針對目標感染所做的研究中，有個實驗是這樣的：一群荷蘭人正在閱讀某個故事，故事主角約翰是個大學生，計畫和朋友一同旅行。在這個故事的某一個版本中，約翰出發旅行前到村裡的農場打了一個月的工；儘管沒有特別明說，但這個資訊暗示了約翰賺錢的目的是為了旅行。在該故事的另一個版本中，約翰出發旅行前到社區中心做了一個月的志工。實驗參與者讀完故事後，人人都被要求在電腦上完成一項任務，完成得越快，賺的錢越多。那些讀到約翰賺錢故事的人完成賺錢任務所需的時間，比讀到志工故事的人少了十分之一。而且這些更快完成賺錢任務的人，完全沒有意識到約翰的故事對他們的行為產生了怎樣的影響。因為約翰賺錢的目標具有感染力，了解到這件事的人在不知不覺間也更加努力賺錢。

在另一項實驗中，一群男性參與者讀了巴斯的故事：巴斯在酒吧和大學時代的好友娜塔莎見面，他們整晚都在聊各自的近況，然後喝酒、跳舞。在這個故事的某一個版本中，巴斯和娜塔莎走出酒吧後各自回家；在該故事的另一個版本中，巴斯走路送娜塔莎回家，並在娜塔莎到家時問她：「我能進去坐坐嗎？」儘管巴斯（十分強烈地）暗示了他渴望能有一夜情，但最終還是沒有明說。在讀過「尋求一夜情的巴斯」或「獨自回家的巴斯」的故事後，每位男性參與者都被安排幫助一位溫柔嫵媚的女大學生。結果那些讀了「尋求一夜情的巴斯」的男性明顯花了更多時間和精力來幫助這位美麗又脆弱的女性。看到這裡，你應該不會感到意外吧？

這時你可能會開始擔心，這是否意味著，不管什麼時候，每當我看到一個懷抱特定目標的人，我就會採納這個人的目標？不必擔心，就算目標的感染力再強，還是有一定的局限性。比如約翰賺錢的目標，只對當時缺錢的實驗參與者有感染力，那些覺得自己「錢很夠用」的參與者並未特別受到影響。對你來說，某個目標看起來必須合你的意，你的潛意識才會採納它。

如果那是個不該追求的目標呢？不好的目標也會有感染力嗎？如果我看了影集《黑道家族》入戲太深，我會變成罪犯嗎？如果我的朋友欺騙老公，我也會下意識地這麼做嗎？假如你覺得某個目標是錯誤的，不管它多麼有誘惑力，都無法觸發你去追求它。在另一個版本的「巴斯實驗」中，研究者將尋求一夜情的巴斯描述成「對自己的孩子即將出生」而感到興奮，實驗結果產生戲劇性的改變。參與者認為已經有伴侶的人竟然還想尋求萍水相逢的性關係，應該受到譴責，所以大部分的參與者都沒有對可憐的女大學生提供太多幫助。

環境對我們的影響還是有一些重要的局限。好消息是，環境因素並不會觸發我們「成為連環殺手」，或者去「搶銀行」、「搞婚外情」，除非這些目標早已在你的心裡萌芽。一般來說，會被潛意識採納的目標，要麼是我們已經有意識地追求過的目標（在潛意識中繼續進行），要麼是我們非常積極看待的目標。

讓潛意識思維為你所用

現在你知道環境中的提示信號如何觸發你的潛意識，是否應該更仔細觀察生活中有哪些觸發因素？更重要的是，花時間思考一下，自己的周遭缺了什麼樣的觸發因素。如果你已經有目標了（例如減肥、戒菸、按時打電話給母親、修繕房屋等），想一想，在你周圍有什麼因素可以觸發潛意識思維，激發你追求目標呢？請記住，觸發因素可以是任何東西，只要那個東西對你來說意義分明。把健康的點心放在你能看到的地方，把運動雜誌放在廚房桌上；用粗體大字列出每日的任務清單，並將清單放在醒目的地方；找個精緻相框，裝上母親的照片，放在電話旁邊。不管用什麼來充當提示信號，只要使環境中充滿暗示，就可以指望潛意識輔助你實現目標。

同樣地，當你希望別人追求某個目標時，上面這些建議通常也適用。你家那些十幾歲孩子的房間裡，有沒有一些提示信號提醒他記得寫作業？（我上高中時，父母曾在我房間貼愛因斯坦和貝多芬的海報，現在想想這麼做還挺聰明的。）在你的辦公室裡，有沒有能夠激勵部屬，讓他們充滿熱情，提高工作效率的暗示？家中有沒有一些提示信號，能夠暗示另一半配合或支援家務？當你思考如何在環境中添加暗示時，請記住一條準則：同樣的觸發因素，對不同的人來說往往會觸發不同的目標。例如看重集體價值的人在手握權力的情況下，往往會下意識地觸發與社會責任相關的目標（例如慈善募捐），而個人主義者在同樣的環境更容易觸發個人目標（例如個人工作表現卓越）。

為不同的目標量身定制不同的提示信號，需要發揮大量創造力，但最後的豐厚回報絕對值得。把追求目標的任務分配給大腦的潛意識部分，便能為其他需要持續關注的事情騰出心理空間和能量。當誘惑和干擾出現時，可以幫助你保持專注。好比忙碌一天過後，利用潛意識思維把車開回家一樣，最後你會發現自己在不經意間實現了不少目標。

要點回顧

■ **了解是什麼影響了你做選擇。**

如果你想訂定更好的目標，首先你該搞清楚，是什麼在暗中影響了你做選擇。將這些影響因素攤在檯面上，評估它們究竟是對是錯、有益無益。如果有必要，你應該努力減少這些因素給帶給你的影響。

■ **重新思考你對自身能力的信念。**

我們為自己設立的目標，有很大一部分取決於我們對自身能力的信念。如果你很想做某些事，你卻始終逃避它們，就是無法下定決心以它們為目標，你該問問自己為什麼會這樣。你對自己的看法是正確的嗎？是否還可以從其他的角度來檢視這些問題？

■ **歡迎改變的可能性。**

相信自己有能力達到目標，這一點非常重要；相信自己可以獲取這種能力也同樣重要。許多人認為智力、個性或體育能力等條件是固定不變的，也就是說，無論我們做什麼，都無法提升自己的能力。這樣的「固定理論」使我們把焦點放在「證明自己」，而不是讓自己發展與成長。幸運的是，數十年的研究證明了這種信念完全錯誤。相反地，「增長理論」的信奉者則認為人格特質可以改變；這項理論獲得了科學證據的支持。這些信念在無形中塑造了我們的選擇，所以，如果你相信自己在某方面無法改變，請拋開這樣的想法。相信自己可以改變，並且歡迎這種想法，能讓你做出更好的選擇，充分發揮潛力。

■ **營造適當的環境。**

影響你追求目標的另一個強大因素是環境，而且幾乎都是在潛默化中進行。我們閱讀的文字、看到的東西，還有接觸到的人等，任何人事物都有可能觸發潛意識，促使我們追求目標。我們的榜樣透過「目標感染」激勵著我們，換句話說，假如我們認同別人追求的目標，我們就會採納那些目標。

■ **善用觸發因素，利用潛意識助你完成目標。**

若想保持前進的動力，最好讓周遭環境充滿提示信號和觸發因素。當你的腦袋被其他事物佔用時，這些信號能打開你的潛意識，為達到目標努力工作。

第二部

預備開始

Get Set

第三章　使人們不斷前進的目標

學期開始的時候，我站在大禮堂的講台前，凝視著一百多張新鮮人的面孔。他們正襟危坐，手拿筆和本子，等著我開口，迫不及待記下我說的每一句話。我還在攻讀碩士時，翹首盼望自己將來從事教授職業，想像自己如何啟發學生，引導他們參與課堂學習。我想要為他們開啟一扇充滿新見解、通往科學心理學世界的大門。我可以幫助他們更加了解自己，發揮最大潛力。在我的腦海中，這一切就像電影《春風化雨》（*Dead Poets Society*）的場景，只是少了一些站在桌子上的鏡頭，或是詩詞。然而我最常被學生問到的問題是：「教授，這個考試會考嗎？」你可以想像，當我認清大學課堂的現實之後，心裡有多沮喪。

這一點還真不能責怪學生。我夠幸運，在美國頂尖的大學工作，遇到的學生都是非常聰明的年輕人，但是其中有些學生一心只想著拿高分，來證明自己有多聰明。並不是說他們全是固定論者——相信自己的智力不會再改變——儘管確實有很多學生這樣認為。現在的大學生認為他們沒有時間（或者不願意）加入我的科學探索和個人探索之旅，因為他們得準備法學院或醫學院的考試，或是準備成為工商管理碩士。如果你告訴學生，叫他們別太關注成績，而是應該更深入且更有意義地思考教授想方設法教給他們的內容，他們會像看見七頭怪獸一樣看著你。或者更慘，他們會朝你翻白眼，並在心裡嘆息：「教授是不是太天真了？她以為自己在拍勵志電影嗎？」

你的目標到底是為了證明你有多擅長做這件事，還是讓自己獲得成長與進步？這兩者真的有什麼區別嗎？這兩種目標不是都令人鼓舞嗎？確實，這兩種目標都十分勵志，但是這兩種鬥志，無論從表面看起來還是給人的感覺，都截然不同。我在上一章說過，你的信念如何驅使你訂定不同的目標，有的人關注表現，有的人關注進步。在這一章，我會更詳盡地告訴你，這兩種目標究竟有什麼區別，以及這些區別為什麼重要。

這麼說吧，你選擇的目標會影響你在過程中體會到的趣味和快樂，你可能會變得容易焦慮和沮喪，它也會影響你對於憂鬱的反應方式。最重要的是，你的目標將決定你的動機有多強烈，以及面對困難時能夠堅持多久。有些目標會使你更有可能堅持下去，不論受到什麼樣的打擊也永不放棄，有些目標則似乎註定會失敗。現在該學會識別這些目標了。

回想一下你讀高中或者大學的時候，在課堂上更注重提升自己的能力，想學到更多的知識，還是更注重讓老師（或父母，或自己）認可你的才華？對於你目前這份工作，你是把新任務看成學習和積累專業知識的機會，還是藉此證明自己的能力，讓老闆刮目相看？當你和伴侶之間出現問題時，你更重視彼此的成長，從錯誤中學習，還是一心只想檢討、評斷對方（或自己）？換句話說，你的目標是「展示才華」，還是「謀求進步」？

在繼續看下去之前，請你先花一點時間回答下列問題。記住，對自己誠實，答案並沒有對錯之分。

「展示才華」和「謀求進步」，哪一種目標更能激勵你？

利用以下評分制度，評估你對每一句話的認同程度，也就是這些描述和你的實際情況是否相符。

數字1代表「根本不是真的」，數字5代表「十分真實」，請依照你內心的真正感受評分。

1. 對我來說，在課業或工作上表現得比同學或同事好，是非常重要的。
2. 我喜歡擁有能讓我更了解自己的朋友，即使他們說的話不見得總是很中聽。
3. 我總是找機會提升新技能和獲取新知識。
4. 我真的很在意是不是給別人留下了好印象。
5. 對我來說，展示自己的聰明才幹比較重要。
6. 我努力與朋友和熟人保持開放且忠誠的友誼。
7. 我奮力在課業或工作上持續地學習與進步。
8. 和其他人在一起時，對於自己給別人留下了什麼樣的印象，我會考慮得很多。

9. 當我知道別人喜歡我時，我會自我感覺良好。
10. 我試圖比同學或同事做得更好。
11. 我喜歡別人挑戰我，可以使我成長。
12. 在學校或工作時，我會將重點放在如何展示我的能力。

現在請把第1、4、5、8、9、10、12題的答案得分相加，然後除以7。這個數字是你展示才華的分數。然後把第2、3、6、7、11題的答案得分相加，然後除以5。這是你謀求進步的分數。

哪個分數更高？如果你和大多數人一樣，兩邊的分數不會差得太多，代表你會同時追求這兩種目標。你實際上更熱衷於追求哪個目標呢？[1]

數十年來，科學心理學家一直在研究，試圖理解在各種追求成功的情境中（無論是在課堂、運動場或職場），什麼樣的人能成功，什麼樣的人最終會放棄或失敗。許多人以為這和智力有很大關係，但令人驚訝的是，這種想法並不正確。你有多聰明，將會影響你做某件事所體會到的難度（例如一道數學題要多難才會讓你解不出來），但跟你如何解決困難完全沒有關係，跟你堅持不懈或是感到疲倦無助也沒有關係。

另一方面，你在課堂、運動場和職場上追求的目標，可以讓你了解自己如何應對困難，以及最終是否有可能獲得成功。當人們把焦點放在自己是否表現出色（展示能力），或是自己是否成長進步（謀求進步）時，最後結果會出現什麼樣的差異，這讓相關研究的心理學家特別感興趣。

當你以展示才華為目標

心理學家把展示才華的意願稱為「績效目標」（performance goal），也就是證明自己的才智、能力或業績表現勝過其他人。追求績效目標時，你會把精力集中於實現某個特定的結果，比如在考試中拿高分、達到年度銷售目標、讓漂亮迷人的新鄰居答應和你約會，或是考上法學院，諸如此類。大多數人在日常生活中追求的績效目標，通常和自我評價緊密相關。我們當初之所以會選擇這些目標，是因為我們認為，實現這些目標能帶給我們一種被認可的感覺，使我們看起來或自我感覺更聰明、更有才幹、更令人滿意。我們會根據自己是否成功來評價自己，所以，若考試沒有拿到高分，不僅讓人失望，同時意味著我不夠聰明、不夠優秀；若銷售業績沒有達標，意味著我不擅長這份工作；若漂亮鄰居對我不感興趣，我就是沒有魅力，毫無價值；若沒能考上法學院，我就是個徹底的失敗者。人們在描述績效目標時通常不是「全有」就是「全無」，也就是說，你要麼達到目標，要麼達不到；要麼是贏家，要麼是輸家。對於追求績效目標的人來說，沒有「差一點」和「差不多」這回事，「很不錯」和「挺好的」也無法讓他們感到安慰。

不過這樣的目標十分激勵人心，因為經常有成功的例子。許多研究顯示，以展示才華為目標的人很努力工作，求好心切，比較有機會獲得最高成就。以優異成績為目標的學生往往能拿到最高分；以卓越績效為目標的員工常常工作效率最好。如果我告訴你，我會根據你做某件事情的好壞來判斷你這個人，評價你的智力、工作能力、運動能力或受歡迎程度，你也許會充滿鬥志，盡力把事情做到最好。然而績效目標就像一柄雙刃劍——那些與自我評價相繫的因素使人產生動力，卻無法提供克服困難所需的彈性和適應力。

用心想一想，你會發現這是有道理的。當我的目標是「在某堂課上拿高分，好證明自己很聰明」，結果考試的成績卻不理想，那麼我就會忍不住想「我並不是十分聰明」，不是嗎？得出「也許我不夠聰明」的結論將導致幾種不同的結果，但沒有一種是好的。我的感覺會很差，感到焦慮沮喪，甚至可能感到難堪羞恥。我的自我評價和自尊心都會受傷，我的自信就算還沒有徹底粉碎，大概也是呈現搖搖欲墜的狀態。要是我覺得自己不夠聰明，再怎麼努力也是枉然，我可能會選擇放棄，不想再花心思學習，也不想為接下來的考試做準備。

追求績效目標的人很容易成為悲慘的「自我實現預言」受害者，覺得自己做不好，因而停止嘗試，這樣一來當然會（錯誤地）應驗了「我不行」的想法，註定要失敗。正如愛迪生所說，人生中大部分的失敗都是因為人們在放棄努力時，沒能意識到自己離成功只差一步了。所以，績效目標當然可能導致失敗，同時帶來無比的失望和自我懷疑。

當你以謀求進步為目標

然而並非每個學生都執著於高分。多年來，在我教過的每一個班級，總會有某些學生（不得不承認，他們是少數）似乎更在意自己能學到什麼，而不是急於證明自己能做到什麼。我很容易就能認出他們，因為他們和其他人很不一樣。他們常舉手發問，問的是那些明知考試不會考的問題。他們會問我現在講的內容，和前幾週我提到的某個主題有什麼關聯，或是與他們在其他課程中學到的東西、與他們在電視上看到的新聞有什麼關聯。他們會懷疑我對某項研究的闡述，會問是否還能從其他角度來解釋某個研究結果。這些學生會在下課後問我更多的問題，他們會拿著期中考試的試卷來到我的辦公室，想搞清楚某道題目為什麼錯了。不是為了討回分數，而是想確實將我教導的知識理解貫通。總歸一句，他們想要成長，想要進步。

心理學家將這種謀求進步、提升能力的意願稱作「精通目標」（mastery goal）。追求精通目標的人不會用結果來評斷自己，他們更在乎的是過程。我有進步嗎？我在學習嗎？我是否有持續且穩定的成長呢？進步並不只是某一次的優異表現，而是長期的優異表現。這種目標以全然不同的方式與自我價值相連，重視的是自我提升而不是自我認可，期望能做到最優異、最能幹，而不是證明自己已經做得夠好了。

追求精通目標的人不太可能將自己的表現歸咎於缺乏能力。（現在的我當然缺乏能力，因為我還沒學會如何掌握它啊！）相反地，他們會為過程中遭遇的困難尋找其他原因。（我有沒有認真做功課？是不是該換另一種方法學習？是不是應該找個高手請教一下？）遇到麻煩時，他們不會像追求績效目標的人那樣沮喪無助，他們會問自己哪裡錯了，然後糾正錯誤。假如第一次考試只得了六十分，那就將學習時間加倍，嘗試不同的學習方法；倘若我沒有達到業績，就去請教經驗豐富的銷售人員；如果鄰居對我不感興趣，我會思考如何吸引對方注意，如何製造彼此了解的機會；要是沒考上法學院，想辦法向法學院的教授或招生人員討教，如何讓自己在下一次報考時更有競爭力。有時「謀求進步」的目標能創造出最大的成就，因為如果把注意力集中在「精進自我」，你是不會一遇到困難就放棄的。

透過一次次的研究，心理學家發現，追求「展示才華」的績效目標，和追求

「謀求進步」的精通目標，讓人們在精神層面、內心感受和實際行為都出現顯著差異。接下來，我會指出這兩者最有趣和最重要的差異。

哪一種目標最有利？

對於這個問題，我很希望能有個簡單的答案。但我不得不再次承認，這得「視情況而定」。我說過，有時「展示才華」比「謀求進步」更催人奮進。想證明自己價值的人往往會付出巨大的精力，集中百倍的精神去做某件事。如果做好這件事情可以獲得實實在在的獎勵，效果會更加明顯。

在一項研究中，心理學家安德魯・艾略特（Andrew Elliot）和他的同事[2]請大學生來玩一個遊戲，與拼字遊戲十分類似。參與者先搖一組骰子，骰子的每個面都標有字母，他們要用這些字母儘量拼出越多的單字，好獲得分數。研究人員告訴其中一組參與者，遊戲的目的是為了比較每個人解決難題的能力，讓他們以

「展示才華」為目標；同時告訴另一組參與者，遊戲的目的是學會如何把這個遊戲玩好，讓他們以「謀求進步」為目標。研究人員還另外告訴各組之中一半的人，如果遊戲得分夠高，就可以在大學課程獲得額外的學分。這對參與者來說是非常吸引人的獎勵。

對另一半的參與者來說，這個遊戲不會有任何額外的獎勵，這部分的「展示才華」組和「謀求進步」組學生得分相近，都在一百二十分左右；另一半有機會獲得額外學分的學生，「展示才華」組獲得了一百八十分，比「謀求進步」組的一百二十分高出50％。這個實驗證明，獎勵對於注重提升技能的人來說影響不大，但對於渴望展示能力的人來說，誘人的獎勵就像額外的紅利，能賦予他們強烈動力。

其他實驗則表明，追求績效目標可以在各種任務中創造好成績，比如解數學題或玩彈珠遊戲，在某些情況下甚至能讓學習成績更優秀。不過在許多相關實驗中，參與者明顯沒有真正受到挑戰，因為題目和遊戲都比較簡單。你可以發現，當你在做相對容易的事情時，你會更加願意集中精力讓自己有好的表現，獲得回報的機率也更大。

然而當眼前的路變的崎嶇難行，也就是說，當你在處理陌生、複雜、困難的任務時，當你遭遇重重障礙與挫折時，那又是另一回事了。在這種時候，把重點放在「謀求進步」而非「展示才華」，優勢會更明顯。

解決困難

我與心理學家蘿拉・傑勒緹（Laura Gelety）展開一系列實驗，觀察人們在追求「展示才華」和「謀求進步」的目標時如何克服困難。[3]我們告訴實驗參與者，我們想了解其解決問題的能力。接著，我們對其中一半的參與者說，他們的答題成績將體現其「理解概念與分析的能力」；換言之，我們對這些人灌輸了「展示才華」的目標，暗示他們應該盡力拿高分以證明自己的聰明才智。另一半的參與者被告知，這個任務是專為提升能力而設計，是一個「訓練工具」，他們應當「充分利用這個寶貴的學習機會」；也就是說，我們給這一半學生灌輸了「謀求進步」的目標，他們應該讓自己解決問題的能力更上一層樓。

我們還改變了題目的難易程度，增加挑戰的難度。試題中夾帶了一些無法解答的難題，但我們並沒有告訴參與者有些題目是無解的，甚至干擾他們，消耗他們原本就不多的答題時間。我們從這些實驗中發現，「謀求進步」的人並未被題目難度的變化所干擾，不論我們做了什麼，他們在回答簡單和複雜的題目時表現得一樣好。「展示才華」的參與者則截然不同，難題和干擾嚴重影響了他們的答題水準。

還記得嗎？我在前面幾章提過，人們對成功的期望是激發動力十分重要的因素。當人們相信自己能把某件事情做好，往往就真的能夠做好。這是千真萬確的。但我們從這些研究中發現一件有意思的事：上述現象在「展示才華」這類型的人身上更加明顯。當我們設置了干擾並且提高試題難度後，參與者對成功的期望值下降了，這是可以理解的。他們會覺得，題目那麼難，自己可能沒辦法答得好。對「展示才華」的參與者來說，這種影響尤其嚴重。而「謀求進步」的人，就算期望值下降了，他們答題的動力也不會受影響。換句話說，不論他們認為自己的表現會多麼糟糕，他們還是會不斷嘗試和學習。

這個結果值得我們停下來思考片刻。如果你的目標是追求進步而非證明自己的才能，對你有兩項好處：首先，面對複雜情況、時間壓力、重重障礙或意想不到的挑戰時，你不會過於氣餒，你相信只要繼續堅持，你依然能夠做好這件事情；第二，就算你開始懷疑自己能不能做好這件事情，你也不會因此而喪失動力，因為就算過程再艱難，你仍舊可以從中學習，你依然有進步的機會。因此，若某項任務很難，必須堅持不懈才能取得成功，抱持「謀求進步」的心態可以幫助你佔盡優勢。要想測試這個優勢，沒有比折磨心志、粉碎夢想的醫學院預科班更好的地方了。

醫學院預科生與毅力

每個夢想進入醫學院深造的學生，都必須在大學進修一系列的科學學程，包括化學和生物學。預科學生在面對這些課程時，說好聽一些是恐慌，講白了甚至會到絕望的地步。因為在這些課堂上取得好成績，是進入醫學院的必備條件。大一第一個學期的必修普通化學，是學生們必須克服的第一個障礙。

對很多學生而言，尤其是頂尖院校的學生，這門課可能是他們人生中第一次接觸到真正困難的課程。那些在中學高居榜首的學生忽然發現，這門課只有一半的學生只能拿到中等分數，甚至在及格邊緣。要想取得好成績就必須奮力拼搏，保持優雅的氣度和堅定的決心，就算第一次期中考成績不理想還是要繼續努力。那麼，什麼樣的人最後會成功，什麼樣的人會放棄，轉修心理學系呢？（我這是半開玩笑半認真。心理學在許多大學是最受歡迎的專業之一。心理學固然有趣，但我敢打賭，它之所以如此受歡迎，多少是因為成了許多醫學預科「難民」的安全避風港。）

我和卡蘿·杜維克都認為，學生們在化學課上追求的目標，可以看出誰會為了成功奮力一搏，誰會早早放棄。我們請哥倫比亞大學修大一化學的學生，說明他們修課的重點及目標是什麼。在此先聲明，修這門課的每位學生都期望能拿到高分。在哥倫比亞大學這個競爭激烈的地方，幾乎沒有學生不在乎成績的。但是對某些學生而言，成績似乎是他們唯一在乎的事。他們覺得成績能表示自己有多聰明，成績好意味著懂了、學會了，成績不好則相反。這些學生認同以下的表述：「在學校中，我注重展示自己的智力。」還有一些學生告訴我們，他們同樣重視學習和成長，並且認同這樣的表述：「我會不斷爭取在課堂上學習與進步的機會。」以及「我重視自身能力的提升，希望在課堂上習得新的本領。」

了解這些學生追求的目標後，我們仔細觀察了他們整個學期的成績。積極「謀求進步」的學生總成績更好，因為他們每次考試都在不斷進步。事實上，以進步為目標，並非在第一次考試就能取得最高分，而是在接下來的幾次考試中體會到箇中好處，因而更加努力堅持下去。反觀試圖藉由成績證明自己的學生，他們的實際成績隨著考試的次數越來越多而逐漸退步，尤其是在他們第一次測驗成績不夠理想的情況下。由此可見，當你在做的某件事情需要打持久戰，你該設立的是以進步為主的「精通目標」。[4]

我向你保證，這些目標並非只適用於課堂學業，而是生活中事事皆可。在一項研究中，心理學家唐・凡德瓦爾（Don VandeWalle）和他的同事觀察了一百五十三名員工的銷售業績。這些員工來自一家醫療器材經銷商，負責銷售兩千多種醫療用品與設備。他們的工作不僅充滿挑戰，需要時時堅持努力，還得經常面對被人拒絕的窘境。研究者要求員工填寫調查表，表明自己在工作上更注重績效目標（「展示才華」，比如「我想讓同事看到我高明的銷售技巧」）還是精通目標（「謀求進步」，比如「學習如何成為一名優秀的銷售員對我來說更重要」）。凡德瓦爾發現，想要「展示才華」並不會創造更好的銷售業績。另一方面，懷著精通目標的銷售員投入更多時間和精力在賣東西，把計畫做得更好，因此賣出去的產品也更多。所以說，即使在校園以外的「現實世界」，以進步為目標的人通常更擅長完成艱鉅的任務。[5]

享受過程

一定有很多人跟你說過，追求目標的同時不要忘了享受過程，也就是說，方法和目的同樣重要。他們會告訴你，這才是快樂的關鍵。這樣的建議很好，不過他們忘了告訴你怎樣才能做到。追求目標，享受過程，品味奮鬥的酸甜苦辣，並不是一件容易的事。對大多數人而言，當我們全心努力實現目標時，並不會特別關注箇中的樂趣。我的很多學生為了應付考試，全神貫注死記硬背，卻很少停下來思考他們真正學到的東西。因為他們和很多人一樣，竭力達到「展示才華」這個績效目標。然而績效目標注重的是結果，他們便把注意力集中在結果上。

另一方面，以進步為目標的人更重視的是過程。心理學家在幾十項研究中發現，他們能在工作學習中找到更多樂趣，身心完全投入其中，並且十分珍惜從中學到的東西。前面提到的醫學院預科學生也是這種情況：以進步為目標的學生告訴我們，他們覺得學習化學很有意思、很開心；這門學科對他們來說非常引人入勝。當你設立的目標對了，即使是一般人覺得乏味的元素週期表也會變得很有吸引力。

享受過程，體驗樂趣，對於追求目標來說本身就是一件好事，而且還不只如此。研究顯示，對課程內容感興趣的學生更有可能積極參與學習，自動自發地提出疑問並尋找答案，以滿足自己的好奇心。[6]他們運用更「深入」的學習方法，比如從中找出主題、關聯性和邏輯，而不只是從「表面」去死記硬背；後者是「展示才華」的學生喜歡用的方法。對學科真正感興趣的學生不太可能會拖延時間。[7]

主動學習，主動提問，能夠帶來更好的成績，這也是意料之中的事情。如果你選擇以「謀求進步」為目標，你將因享受這過程而受惠，獲得更大的成功。所以，有的時候，你真的可以魚與熊掌兼得。

尋求幫助

要想實現艱鉅的目標，最重要的是要懂得適時尋求並接受幫助。要想直接面對挑戰、克服障礙、大膽探索，但是又缺少經驗的情況下，向外尋求幫助是最快又有效的方法。然而很多時候，人們不願意向外求助，因為他們不想讓自己顯得無能，或是讓別人覺得自己無能。尋求幫助意味著承認自己需要幫助，如果你的目標是「展示才華」，那麼「需要幫助」也許讓你感覺像在承認失敗。從另一方面來看，尋求幫助是「謀求進步」的絕佳方式，那些追求精通目標的人們顯然明白這一點。

心理學家露絲・巴特勒（Ruth Butler）觀察學校老師，想了解他們的目標如何預示他們對於尋求幫助的傾向，結果發現與上述情況相符。巴特勒將人們尋求的幫助分成兩類，一邊是自主尋求幫助，一邊是應急的幫助。自主尋求幫助可以促進人們理解和學習，最終獨當一面。應急的幫助是指你在某些情況下，需要某人直接幫你做某件事或解決某個問題。換一種說法，應急幫助好比給餓漢一條魚，而自主幫助好比教會他如何釣魚。

巴特勒從小學到高中挑選了三百二十位老師參加實驗，她發現有些老師在課堂上以「謀求進步」為目標，而他們的成就感來自於他們「學到了新的教學方法，或更進一步了解老師這個職業」，以及當他們「發現自己的專業有所提升，比過去更會教書」。另一部分老師以「展示才華」為目標，他們覺得最有成就感的時刻是知道「我教的班級考試成績比其他班級更好」，或者當「校長誇我的教學能力比其他老師強」。讀到這裡，我想你應該已經猜到了。前者會自主尋求「學會釣魚」式的幫助（例如「希望你能推薦我幾本可以增長知識的書」，以及「我願意參加關於課堂管理方式的研討會」），而非「送我條魚」式的幫助（例如「我希望校長能直接懲處搗亂的學生」，以及「希望你能推薦幾本讓學生們可以自己回去做的練習冊」）。[8]

到目前為止，我已經分享了許多例證，著重於提升和發展自身能力的人，比著重於展示能力的人擁有更多優勢。「謀求進步」的目標能使你心平氣和地面對困難，堅持不懈地迎接挑戰，並且從追求目標的過程中發現意義，找到樂趣，運用更好的策略，適時尋求協助。但就算你用精進目標將你的生活填滿，也不可能保證所有事情永遠不出錯。一定會有些事情出錯，有時還錯得很離譜。事實上，就算事情出了錯，「謀求進步」的目標也能對你有所助益。

情緒低落也能催人奮起

每個人都有情緒低落的時候，不論你的目標是什麼，偶爾還是會事與願違，冒出意想不到的問題或超乎預期的困難。總是有可能發生不好的事情，而且常會讓我們沮喪不已。對於追求成長和進步的人來說，這種沮喪的感覺通常不會持續太久，也比較容易釋懷。當你奮力追求進步時，不太可能把壞事都歸咎於自己，不會認為都是因為自己無法改變而感到沮喪。我們很高興了解到這一點，這樣一來，只要在追求目標時懷抱著「謀求進步」而非「展示才華」的心態，我們就能幫助自己和他人卸下情緒的痛苦負擔，過上舒心的生活。

不過就算我們一心追求進步，當不好的事情發生時，我們的心情還是會隨之起伏，悶悶不樂。每個人面對沮喪的反應都不一樣，它對你產生怎樣的影響，取決於你追求什麼樣的目標。我和我的同事卡蘿・杜維克及愛麗森・貝爾（Allison Baer）第一次注意到這種現象，是從我們在哥倫比亞大學實驗室的助理身上發現的。我們暫且把她叫作蘿賓。多年來，我和數百名研究助理合作過，但我對蘿賓印象深刻，她總是表現得精力最充沛、最積極也最能幹。如果你週一交給她一個任務，並且要求她在週五之前完成，她會在週二的時候就做好。她始終準時，樂於助人，積極學習，並且百分百地投入。因此，當她告訴我們，其實她一直被間歇性的憂鬱症所折磨，你可以想像我們有多麼驚訝。我們真的是太震驚了，心想：「哪有憂鬱症患者看起來像她這樣的？真的患了憂鬱症，還能像她那樣到處跑，工作起來那麼有效率嗎？這有可能嗎？」

於是，了解蘿賓成為我們的新挑戰。蘿賓顯然是以「謀求進步」為目標的類型。我們想知道，憂鬱症在以「展示才華」為目標的人身上所表現出來的狀態，會不會截然不同。為了一探究竟，我們找來九十多位大學生參加實驗，讓他們每天寫日記，一連寫三個星期。我們要求他們在日記中記錄每天發生的最糟的事情，寫下他們對這件事情的感受和反應——如果有任何反應的話。另外還要列出一份清單，列出每天已經完成的事，包括學習、找朋友玩、做家事（洗碗、洗衣服）等。

實驗開始前，我們讓每位參與者填寫一份調查問卷，以便判斷他們是追求績效目標（贊同「在很多情況下，我覺得自己的價值、能力和受歡迎程度都受到威脅」），還是精通目標（贊同「我覺得個人成長與學習的回報，遠比失敗或被拒絕所帶來的失望重要得多」）。

我們發現，多數時候，試圖展示能力的學生比追求進步的學生更有可能經歷憂鬱。我們對於這個結果並不感到訝異。另一個結果也在我們意料之內：以「展示才華」為目標的人越是感到沮喪，就越無法採取有效益的行動。糟糕的感覺使他們不想採取任何行動來解決問題，進而影響到生活的其他方面，比如水槽裡髒碗盤堆成一堆，髒衣服堆成另一堆，課本也沾滿灰塵了。

當「謀求進步」的人經歷憂鬱時，他們對這種情緒的反應截然不同。他們的感覺越糟，越有可能想要動起來，做點什麼事。如果是他們能力範圍內可以解決的問題，他們會立刻行動。如果憂鬱的根源是他們無法掌控的，他們會竭力尋找一線希望，試圖從那種體驗中成長。真正值得注意的是，這類型的人越是憂鬱，越有可能堅定不移地實現其他目標，例如心中越是難過，就越快把環境整理乾淨，潛心讀書。所以，當你以「謀求進步」為目標時，將自己不太好的表現「記在心上」，實際上是有益之舉。糟糕的感受好比「火上澆油」，使你產生更多動力去獲取成功。

如果你關注自身的成長而不是別人的認可，重視進步而非證明自己，你不會一遇到失敗和挫折便懷疑自己的價值。此外，糟糕的感覺會讓你想更努力拼搏、奮鬥，因此你不太可能持續滯留在憂鬱的狀態中。你不會一直躺在沙發上，而是撣掉身上的洋芋片渣，讓自己忙碌起來，謀求更大的進步。[9]

將你的目標從「展示才華」轉換成「謀求進步」，可能會為你的人生帶來戲劇性的變化。你追求的目標好比眼鏡的鏡片，不但決定了你看到什麼，更決定了你如何觀看。也就是說，目標的類型決定了你的視野，以及你解讀的方式。改變目標，失敗便成為一種回饋，幫助你改進自身，不好的感覺能激勵你從沙發上跳起來，讓障礙也變得可以逾越。改變目標如同換副眼鏡，你的世界將變成另一番截然不同的風景。

要點回顧

■ **「展示才華」還是「謀求進步」？**

在這一章裡，我們闡述了為證明自己而樹立的目標（展示才華），與追求自身進步的目標（謀求進步）之間的區別。在工作、學習以及各種人際關係中，你是把自己所做的事情竭力做到最好，還是想在每個人（包括你自己）面前展示你已經具備的能力呢？

■ **聚焦「展示才華」，使人表現優秀。**

若目標並不過於困難或複雜，「展示才華」可以給人們帶來極大動力，讓人們表現優異。不幸的是，當追求目標的過程出現阻礙時，這類型的人容易將錯怪到自己身上，認為自己做不到而過早放棄。

■ **聚焦「謀求進步」，使人提高績效。**

當我們專注於「謀求進步」時，較能從容應對困難，並且將困難轉換成助推我們前進的燃料。追求成長的人常常能做出最好的業績，因為他們在困難面前更加堅韌不拔。

■ **聚焦「謀求進步」，享受奮鬥旅程。**

當你的目標是「謀求進步」時，往往更能享受自己正在做的事，並從中找到更多樂趣。換言之，奮鬥的過程和最終結果對你來說同等重要。你會更深入、更有意義地處理各種資訊，規畫未來。當你需要援手時，你會更願意主動尋求幫助，並且真正從中受益。

■ **聚焦「謀求進步」，抵抗憂鬱情緒。**

和想要證明自己的人相比，追求成長的人更能應付憂鬱和焦慮的情緒。不好的感覺可以激勵他們動起來解決問題，而不是縱容自己無所事事、唉聲嘆氣。相較之下，他們的憂鬱症狀較輕，持續的時間也較短。

■ **聚焦「謀求進步」，創造更大成就。**

試著將你的目標從「展示才華」轉換成「謀求進步」。與其哀嘆世事的不完美，不如把注意力集中在自己能夠改善的事物上。與其想方設法讓人對你的聰明才智留下深刻印象，不如全心全意拓展技能，接受新的挑戰。當你把重點從「能夠證明什麼」換成「能夠學到什麼」，你會快樂得多，收穫也更多。

第四章　樂觀者與悲觀者的目標

我在寫這一章時，我的兒子馬克斯剛滿一歲，邁出了人生的第一步。現在的他一刻也停不下來，繞著整個屋子東倒西歪地走路，時不時就會摔一個跟頭。儘管馬克斯是我的第二個孩子了，這已經不是我第一次經歷這個過程，可是看著自己的寶貝撞到東西或是摔跤，我還是無法保持淡定。看著他兩隻手臂胡亂搖擺，跑來跑去，我內心很是焦慮。我想讓他學習走路，事實上，幫助他學會走路，是我身為母親的其中一個目標。為此，我採取了一些防範措施，買來新的毛絨地毯，以免他跌倒時撞上堅硬的地磚。我在樓梯口和房間門口裝上了防護門，把所有有尖角的家具都搬出房間，讓馬克斯可以安心蹣跚學步。我讓他穿著橡膠材質的防滑鞋好增加摩擦力，如果不是商店裡找不到他這種尺寸的頭盔，我早就買回家讓他戴上了。

我的丈夫和我有同樣的目標，他也想幫助馬克斯學會走路，只是他實現目標的方法和我截然不同。他鼓勵兒子爬樓梯，鼓勵他到房間之外的地方走走看看。他在地上擺滿各種障礙物，觀察兒子能不能繞過或跨過它們。我每次看到兒子走不穩，總是伸手扶他；我丈夫則把雙手放在身後，看著兒子自己想辦法穩住身子。他總是嘲笑我一股腦地採取各種「保護措施」（當我把更貴重的安全設施買回家時，他就笑不出來了），當他看到馬克斯摔倒時並不會太擔心，只要看到馬克斯征服新的挑戰，他便會異常興奮。

我們的目標相同，都是讓馬克斯學會走路，但我們理解這個目標的方式完全相反，所以追求目標的方式也截然不同。對我丈夫來說，幫助兒子學會走路是在幫助他取得某種成就。學會走路就是一種成就，是一個讓他在成長過程中向前邁進的機會，也是學習和獲得令人興奮的新能力的機會。他對馬克斯踏出的每一步都熱切期待，迫不及待地想要看看馬克斯還能做什麼。他覺得自己的使命是用各種方式幫助兒子進步，激發兒子的潛能。

對我而言，幫助馬克斯學走路，最重要的是確保他在學習過程中不要受傷。我覺得學會走路的過程充滿危險，孩子有可能會傷害到自己，於是在他踏出每一個蹣跚步伐時，我一直保持警惕。我的任務是在他學習的同時保護他的安全，直到他能夠熟練地走路，不再頻繁地跌倒。我想讓他遠離危險。

根據心理學家托瑞・希金斯（Tory Higgins）的理論，我丈夫和我有同樣的目標，但是焦點不同。[1]在幫助馬克斯學走路這個目標上，我丈夫選擇的是希金斯所謂的「進取型」焦點（promotion focus）。進取型焦點是從功績與成就的角度來思考如何達成目標，重點是做你「想要做的事情」。用經濟學語言來描述，就是如何將收益最大化（並且避免錯失機會）。當我丈夫讓馬克斯學習爬樓梯時，他是在嘗試給孩子獲得一項新技能的機會。

另一方面，我採用了「防禦型」焦點（prevention focus）來實現目標。防禦型焦點是從安全和危險的角度來思考，重點是履行責任，做你覺得「應該要做的事情」。用經濟學語言來描述，就是如何讓損失最小化，竭力保住你手中擁有的東西。我在樓梯口安裝防護門，不讓馬克斯靠近那裡，都是在竭力避免損失，也就是儘可能防止馬克斯受傷。

如同「展示才華」與「謀求進步」，「進取」和「防禦」也可以是同一個目標，只是用不同的方式思考而已。身為教授，我從學生身上無數次察覺到這其中的差異。有些學生全力以赴準備考試，以求考上醫學院，因為當醫生是他們畢生的夢想（進取型焦點）；另一些學生更在意的是，如果考不進醫學院，他們會讓家人和自己失望（防禦型焦點）。這兩種學生都很努力，若是失敗了，他們都會失望至極。不過他們以不同的方式來應對，採用不同的方法來實現目標，往往也會犯下不同的錯誤。有的人因為他人的讚揚而受到激勵，有的人因為他人的批評而受到鞭策；有的人可能過早放棄，有的人可能不知道什麼時候該放棄。

回想一下你的高中或大學時期，再努力回想一下，你為取得好成績而奮鬥時是怎樣的情形。你是不是覺得，拿高分是一種成就，是你超級想做到的事？或者你覺得，拿高分是一種義務，是你應該做到的事？你是否用畢生的精力追求成就和讚美，夢想著摘到星星、登上月球？或者，你忙於履行自己的責任與義務，成為一個人人都可以信賴的人？在多數情況下，你覺得你更重視自己得到些什麼，還是忙著防止自己失去些什麼？

接下來，你將透過「獲得」和「失去」的角度來看這個世界和你的目標，藉此理解你的選擇、感受以及追求目標的方式是怎麼形成的。和「謀求進步」與「展示才華」不同，這一次，我不會告訴你哪種方式比較好。在某種程度上，每個人都會同時追求進取和防禦這兩類目標，而它們各有利弊。由於大多數人都有一個慣用的主導焦點（也就是達成目標的思考方式），訣竅就是如何識別自己的主導焦點，做最適合自己的事。不論你追求的是進取型還是防禦型的目標，你都可以在這一章學到提升目標達成率的方法。

在此之前，請拿出筆和紙，快速記下你對下列問題的回答。記住，對自己誠實，答案並沒有對錯之分。

進取還是防守？

每一題最多只能用一至兩個詞彙來回答，而且不要想太久，儘可能快速地完成這個練習。

1. 寫下一個你理想中希望擁有（或者擁有更多）的特質或性格。

2. 寫下一個你覺得自己應當擁有（或擁有更多）的特質或性格。

3. 寫下另一個理想中的特質。

4. 寫下另一個應當擁有的特質。

5. 再寫下一個應當擁有的特質。

6. 再寫下一個理想中的特質。

7. 最後寫一個應當擁有的特質。

____

8. 最後寫一個理想中的特質。

____

大部分的人都能十分輕鬆地回答出前面幾題，但是到了第三或第四組「理想中」或者「應當擁有」的特質，要立刻回答出來可就難得多。

如何分辨自己是進取型還是防禦型的思維？哪一種對你來說更容易回答？是理想中的還是應當擁有的特質？如果理想中的特質瞬間浮現在你的腦海，那麼，你習慣按理想的狀況來思考，你具有進取型思維。相反地，如果應當擁有的特質更容易也更快速地浮現在你的腦海，那麼你通常採取防禦型思維。

渴望被愛與保持安全

人類，或者一般哺乳類動物，天生就有兩種基本需求：一種是撫育需求，一種是安全感的需求。簡單地說，我們需要被愛，想要確保自己的安全。希金斯堅信，追求「進取」與「防禦」目標，就是為了回應這兩種需求。換句話說，我們追求進取目標，追求成就與功績，是為了得到愛。如果我能成為自己理想中的那個人，別人就會因此而佩服我，我的人生便能充滿愛和歸屬感。同理，追求「防禦」目標，也就是履行責任、避免犯錯，是為了讓自己維持在安全的狀態。如果我能成為我應該成為的樣子，別人就不會對我生氣或失望。如果我不犯任何錯誤，就可以遠離麻煩，過著平靜安全的生活。

正如那首英文老歌[1]所唱的，幸福的關鍵是既要「強調積極」，又要「避免消極」。這也是對「進取」目標和「防禦」目標的簡要概括。處在進取模式時，你試圖讓生活中充滿積極的事物，比如愛、讚美、嘉獎和其他愉快的事。處在防禦模式時，你試圖讓生活中不要出現那些消極的事物，比如危險、罪惡、懲罰和其他痛苦的事。因為我們既希望自己被愛，又想要安全；我們想要更多積極的事物，讓消極的事物儘可能不要出現。所以，我們終其一生都會追求這兩種目標。

有時你會發現，你的目標焦點取決於當下的情況。與親密愛人共度良宵通常是為了尋找愛（進取目標），花一個下午測試防火警報則與安全有關（防禦目標）。到拉斯維加斯豪賭一場通常是追求進取目標，因為去了就是想贏錢；假如你只想避免輸錢，你只要待在家裡就好。去看牙醫常常出於防禦目標，竭力防止損失，也就是防止牙齒變壞；一旦你走出牙醫診所，通常都是少了幾顆牙，很少會有多了幾顆牙的情況（但還是有可能）。

儘管我們偶爾會同時追求兩種目標，但大多數人還是有自己的習慣。有的人更時常想著被愛，有的人更重視安全感。這是為什麼呢？最新研究顯示，部分原因來自於父母給予的獎勵和懲罰。你可能會認為，擁有進取思維的人往往更常接受獎勵，擁有防禦思維的人則更常受到懲罰，但實際情況卻不是這樣。重點並非多寡，而是獲得獎勵和懲罰的方式。

---

①編註：克里夫・理察（Cliff Richard）的〈Accentuate the Positive〉

進取型的家長在孩子做對事情時，會大張旗鼓地表達褒揚與喜愛之情，反之則會克制他們對愛的表達。舉例來說，當蘇西拿著一百分的考卷回家，爸爸媽媽會豪不吝嗇地誇獎她，說她真的很棒。當她拿著勉強及格的考卷回家，爸爸媽媽會無奈地搖頭並且疏遠她，不打算給她任何一點安慰。如此一來，蘇西很快就明白，達到父母的期望便能得到自己需要的愛，反之會讓父母失望，落得獨自傷心難過的下場。她開始把目標看成是得到父母的愛與認可的機會，隨著時間推移，這種觀點從她父母身上延伸到整個世界，形成了她的世界觀。此時在她看來，這是一個「勝者為王」的世界。

防禦型的家長會在孩子做錯事時懲罰他，而孩子做對事情的時候，他們給予的獎勵就是不再懲罰。換句話說，把事情做對，你就安全了。舉例來說，當比利拿著不及格的考卷回家，爸爸媽媽怒氣衝天，對比利大喊大叫，警告他不准再考這種成績，並且罰他待在自己的房間，不給他晚飯吃，也許還會將他禁足。當他拿著一百分的考卷回家，爸爸媽媽就不會罵他，他不但有飯吃，還有自由。這樣一來，比利很快就會明白，如果他做了父母親認為他應該做的事，生活就會風平浪靜，沒有麻煩。如果他犯了錯，只能忐忑不安地等著接受懲罰。他開始把目標看成避免損失的機會，也就是防止不好的事情發生。而他的這種觀念也從父母身上擴展到外面的世界。在他看來，這是一個「安不忘危」的世界。[2]

不過父母並非影響我們追求目標的唯一因素。西方文化非常重視個人的獨立性，因此人們一般會設立進取型的目標。美國夢就是進取目標的完美體現，鼓勵人們把目標放遠，敢於承擔風險，為榮耀而奮鬥。相反地，東方文化往往更珍視人際關係，更強調集體，好比家庭的重要性。在這種環境下，人們會從集體利益的角度來考慮自己，設立的目標通常屬於防禦型。參與團體運動時就能體會到這一點——當自己的作為可能會影響到其他人的幸福和快樂，你就會感到自己肩負責任。你不想犯任何錯誤，你想做個可以信賴的人，這就是防禦型焦點的人所追求的目標。[3]

不要忘了，我在前面說過，就算我們有習慣的主導焦點，仍有可能因情勢的不同而有所改變。有些目標本身就具備進取或防禦型焦點。想要買彩券中大獎，或者去加勒比海度假，都是我們許多人的理想，但是這樣的理想很難與責任、安全或危險聯想在一起。假如你中不了彩券，沒辦法度假，也就沒什麼好擔心的。不過帶孩子去接種疫苗這類的事，顯然就屬於防禦型焦點。因為接種疫苗和孩子的健康安全相關，而且很難被理解為一種成就，就算拿出去跟人吹噓，也沒有人會因此而崇拜你。

我希望你會覺得這些分析還挺有意思的，但你也有可能在想，分析這麼多到底有什麼實際用處？我們的目標焦點是進取型還是防禦型，我們把目標看作成就還是責任，有這麼重要嗎？若要詳盡地回答這些問題，我可能得再另外寫一本書。簡單來說，進取型思維和防禦型思維之間的差異，影響我們做出的決定、選擇的方法、對待挫折的態度以及整體的幸福感。我只有一章的篇幅能回答前述的問題，所以我將會從最實用的面向來跟你解釋。

積極思考

在幾章之前，我曾闡述過動力的期望值理論——當我們決定是否追求某個目標時，成功的可能性（期望部分）與成功之後的最大獲益（價值部分）同時激勵著我們。但那時我並沒有提到，當目標焦點不同，這兩個因素所佔的權重也略有不同。追求進取型目標，通常會試圖「獲取」某些東西，既然如此，你將同時受到高價值以及高成功率的鼓舞。事實上，目標越有價值，你就會越在乎成功率。因為目標的價值越高，意味著你得付出越多的時間與精力；如果你竭盡所能追求目標，成功率也會高一些。

相反地，追求防禦型目標的人會竭力避免損失。所以對他們來說，高價值的防禦型目標，就是安全至關重要、失敗尤其危險的目標。目標的價值越高，他們就越是覺得實現目標是必須的，也就不那麼在乎成功的概率了。假使你面臨一件關係生死的大事（終極防禦型目標），你還會在意它的成功率有多少嗎？假如你身患絕症、命在旦夕，治療的方法是有，但治癒的機率只有百萬分之一，你難道不會想盡力去試試看嗎？

即使在日常生活中，採用這兩種不同思維方式的人，在考慮成功的「期望值」時也會有所不同。在一項實驗中，研究者要求大學生評估自己選修某一門課程的意願。有些學生被告知，只要在這門課取得好成績，便有機會加入「優等生協會」，使得選修這門課感覺更有價值。對於進取型思維的學生來說，是否選修這門課，取決於他們認為自己可以拿到什麼樣的成績——有把握拿高分的學生選修了這門課，認為自己考不好的學生則放棄。對於防禦型思維的學生來說，課程越有價值，他們對自身能力的評價就越無關緊要，意思是，他們無論如何都會選修這門課——不論成功機率高低，他們都會覺得自己必須去做。[4]

保持動力

你也許認為，一旦確定目標並開始執行，對成功懷抱期望是維持動力的關鍵。也因為這樣，所有人都需要一些鼓勵。但事實並非如此。當你努力實現自己設下的目標時，進取型和防禦型的焦點會繼續以不同的方式影響你，以及你對這段過程中接收到的正面或負面回饋的反應。

當你努力實現進取型目標，試圖取得成功，闖出一番成就，你所擁有的動力就像一種渴望，為實現目標而奮鬥的熱切渴望。這種渴望會因為正面的回饋而進一步提升，不斷增強的信心能提高你的活力與熱忱，換句話說，看起來越有可能成功，你就越有動力。反之，負面的回饋會削弱你的渴望，當你感到自己有可能失敗便會喪失動力，懷疑自己，好比航行中的帆船一下子失去了風，無法前進。

在追求防禦型目標，尋求安全與保障時，你的動力感覺更像是一種警覺，一種想避開危險的願望。當你面對負面回饋或者懷疑自己的時候，你的警覺程度事實上會提高。察覺到失敗與危險的可能性，可以讓人更快進入戒備狀態。

我曾經與詹斯・弗斯特（Jens Förster）、蘿倫・陳・伊德森（Lorraine Chen Idson）和托瑞・希金斯合作一項研究，在過程中親眼見證這兩種目標帶來的差異。[5]我們讓參與者玩一個困難的拼字遊戲，將任意挑選出來的字母重新排列順序以拼出多個答案。例如利用N、E、L、M、O這幾個字母任選任排（不必用上全部字母），可以拼出elm（榆樹）、one（一）、mole（痣）、omen（徵兆）、lemon（檸檬）、melon（甜瓜）等詞。我們告訴所有參與者，拼出越多詞就可以賺越多錢。為使一部分人進入進取型思維模式，我們宣布，所有參與者都能賺到四美元，且得分超過七十分者將獲得五美元。為使另一部分人進入防禦型思維模式，我們宣布，得分超過七十分者將賺到五美元，但低於七十分者只能賺到四美元。重點是，兩組參與者得分低於七十分都只能獲得四美元，高於七十分都將獲得五美元；不論是哪一組參與者，目標都是相同的——想辦法賺五美元而不是四美元。但他們的目標焦點不同，前一組人的焦點是如何多賺一美元，後一組人的焦點是如何不損失一美元；前一種情況是得到想要的一美元，後一種情況是避免損失一美元。

實驗進行到一半時，我們向所有參與者提供成績回饋，告訴每個人當下的得分是高於還是低於七十分，藉此引導他們相信自己可能成功還是失敗。接著，我們讓參與者評估自己達到目標的可能性有多少，順便評估他們的動力強弱。這時兩組出現了明顯的差異。得到正向回饋（得分高於七十分）的進取型參與者對成功的期望值飆升，動力也明顯增強；防禦型參與者在得知自己的分數高於七十分後，對成功的期望值並沒有改變，動力反而減弱了。

得到負面回饋（得分低於七十分）的進取型參與者對成功的期望值和動力都降低了一些，這一點你也許已經預料到了，然而防禦型參與者的成功期望值卻急劇下降。這些參與者十分肯定自己會失敗，正因為這樣，反而讓他們的動力猛增！所以，下次當你想用讚美來鼓勵你的防禦型思維朋友或同事，最好三思而行，這樣做可能會有反效果。

在繼續討論之前，請你先花一些時間快速回答下列這些問題。記住，對自己誠實，答案並沒有對錯之分。

你擅長哪一種目標？[6]

請利用下列評分制度來回答問題。數字1代表「從不會」或「很少」，數字5代表「經常」。

1. 你大概每隔多久會做一件讓你「興奮極了」而加倍努力的事？
2. 你經常遵守父母制定的各項規矩嗎？
3. 你經常嘗試各種不同的事情並且做得還不錯嗎？
4. 我覺得我在人生道路上取得了一些進步。
5. 在成長的道路上，你是否總是避免「逾越界限」，不做父母不允許你做的事？

6. 我總是不夠細心，時常讓自己陷入麻煩。

計算你的「進取型」成功分數：將1、3、4題的得分相加。

計算你的「防禦型」成功分數：將2、5、6題的得分相加。

樂觀與悲觀主義者

為什麼有些人這麼樂觀？一個比較明顯的答案是：他們有很好的理由樂觀。他們過去總是成功實現目標，這讓他們在面對未來的挑戰時也充滿信心。此外，有些人確實格外擅長實現進取型目標，另一些人則擅長防禦型目標。你剛剛在前面回答的那些問題，摘自希金斯和同事設計的某個實驗，用以識別進取型與防禦型之間的差異。它能識別出一個人的成功經驗是來自於進取型還是防禦型目標，希金斯稱之為「進取與防禦的驕傲」。這兩種人都有很好的理由樂觀，因此你可能料想，這兩種驕傲都會讓人們更樂觀。很可惜，你錯了。

追求防禦型目標會削弱並抑制我們的樂觀情緒，以保持動力。你需要時時警惕，不論過去有多麼輝煌的歷史功績，也容不得你自信。成功實現防禦型目標且經驗豐富的人，似乎從直覺上明白這個道理。我和希金斯曾共同進行一項研究，找來一些對於實現目標十分有經驗且感到驕傲的參與者，請他們完成關於樂觀情緒與幸福感的測驗。我們發現，曾實現進取型目標的人更容易擁有樂觀的想法，而防禦型目標的實現者雖然同樣開心地訴說過去的成功經驗，但要他們預測將來的成功時，他們寧願保持沉默。

這項測驗同時評估了兩種個人幸福感：一種是對自我的積極看法（「我很棒」），另一種是熟練與勝任的感覺（「我能把事情做好」）。擅長進取型目標的人覺得自己在這兩方面都很不錯，而擅長防禦型目標的人卻只有對後者感到認同。也就是說，擅長防禦型目標的人承認自己以前有很多成功經驗，但若是一直稱讚他們或要他們多稱讚自己，就會顯得有些不自在。他們似乎覺得自我感覺太良好是一種危險，也是他們無力承擔的奢侈。這種想法完全正確！如果你追求的是防禦型目標，採取「防禦型悲觀」（defensive pessimism）策略對你有極大好處。心理學家茱莉・諾蘭（Julie Norem）在她的著作《我悲觀，但我成功：負面思考的正面威力》（*The Positive Power of Negative Thinking*）中指出：「防禦型悲觀比單純的悲觀更強大。降低期望值，想像最終的結果可能無法盡如人意，能夠啟動人們的反思過程，把各種可能的結果在心裡預演一遍。」[7]防禦型悲觀者會先想像一切可能出錯的情形，使自己做好準備，解決前進道路上的障礙。在追求防禦型目標時，防禦型悲觀可以讓人萌生極高的警覺和最強的動力。

所以，下次你想為防禦型思維的朋友加油時，請慎選你舉的例子。我們通常會用有名氣、有成就、有冒險精神且「相信自己」的榜樣來鼓舞他人，好比麥可・喬丹（Michael Jordan）、比爾・蓋茲（Bill Gates），或是前美國總統歐巴馬。對防禦型思維的人來說，跟他講一堆「我相信我可以」的成功榜樣可能會起反作用。

在一項研究中，研究者將參與實驗的大學生分組，並且向每一組學生展示了兩個不同的榜樣。正面的榜樣是一個和參與者攻讀相同專業的近期畢業生，他成功申請上研究所、拿到了獎學金，還得到不少誘人的工作機會，他表示自己「對目前及今後的生活感到非常滿意」。負面的例子也是一個和他們相同專業的近期畢業生，不過他畢業後沒能找到工作，只能在速食店打工度日，他說自己「做什麼都不順，也不確定今後的日子該怎麼過」。

研究者發現，進取型思維的學生更容易受到傳統的正面榜樣所鼓舞，而從防禦角度來看目標的學生則更容易受到負面例子的啟發。後者了解了這個不幸畢業生的例子之後，在接下來的幾週內加倍努力準備各種考試，按時完成作業，而且更少拖延。[8]所以說，有些人會被英雄事蹟所激勵，有些人會被具有說服力的警世故事所影響。

作家芭芭拉・艾倫瑞克（Barbara Ehrenreich）在她的優秀作品《失控的正向思考》（*Bright-Sided: How the Relentless Promotion of Positive Thinking Has Undermined America*）中，對美國文化這種虛幻的樂觀現象進行了尖銳的抨擊。她寫道：「所謂的積極，與我們的情境或情緒沒有太多關係，因為它是我們觀念的一部分。我們用這種觀念來詮釋世界，並且認為我們應當依照這種觀念來行事。」艾倫瑞克堅稱，人們放棄消極思維（或者說，切合現實的思維），給我們帶來眾多麻煩，比如大量的人使用抗憂鬱的處方藥，以及次級房貸引發金融危機。「『警惕的現實主義觀點』並不會阻止你對幸福的追求，實際上還能使追求幸福變得可能。如果我們不弄清楚自己身處其中的實際境況，又怎麼可能期待它有所改進呢？」

對不習慣過度樂觀或積極思考的人來說，艾倫瑞克傳達的訊息令人興奮，但也讓人感到些許困惑。難道那些兜售樂觀主義、鼓吹自信的書都是錯的嗎？積極思考真的沒有好處嗎？有時候，樂觀似乎是件好事，然而有時候似乎也會適得其反。好了，現在你明白進取型與防禦型目標之間的差別，便能更加從容地從浩如煙海的心靈勵志書籍中選擇適合自己的建議。

樂觀主義的確是件好事，尤其在追求成就、榮譽與巨大利益時。另一方面，悲觀的現實主義可以確保安全，避免重大損失。想要啟發最大動力以達成最卓越的績效，首先你得將觀念與任務性質做出最適當的策略匹配。

進取與防禦，誰先誰後？

當你從「成就」或「安全」這兩個不同的視角看世界，對你來說重要的事物將會完全不同，吸引你注意的產品也不同，甚至你購物的模式也變得不一樣了。心理學家莉奧芭・沃斯（Lioba Werth）與詹斯・弗斯特發現，進取型思維的人往往更喜歡廣告中有「奢華」或「舒適」字眼的產品。在一項研究中，進取型思維的參與者在選購太陽鏡和手錶時，對「掛在耳邊的時尚配件」及「可設置時區」等描述感到興奮，儘管這些特點並非必要，但給人一種很「酷」或「高科技」的感覺。另一方面，防禦型思維的人則深受「安全」、「可靠」等廣告詞所吸引，他們更偏愛「長期保固」的太陽鏡和「安全扣帶」的手錶。在另一項研究中，防禦型思維的參與者更喜歡在廣告中打出「老字號品牌保證」以及「經消費者實驗證實安全可靠」等口號的洗衣機。相反地，進取型思維的參與者更願意選擇號稱「採用當前最新技術」以及「擁有眾多新功能」的洗衣機。[9]

不論是進取型還是防禦型，你所採用的焦點和偏好時時刻刻都有可能改變，一切取決於當下所處的情境。

你要購買的東西會觸發特定焦點，例如你想買兒童可能會接觸到的化學清潔劑，你在做選擇時就會採取防禦型焦點，因為這個決定關乎孩子的安危；若你想買一把堅固可靠的櫃門鎖，你不會太在乎它的樣子看起來時不時髦。進取型思維的人可能會給自己買輛目眩神迷的紅色跑車外加頂級奢華配備，但給自己那剛成年的孩子買第一輛車時，心中第一考慮的是防鎖死剎車系統和安全氣囊。

焦點和感覺

為自己確立目標並且實現目標，感覺會很好。但「感覺很好」是一種什麼樣的感覺呢？

這個答案和你的目標焦點有關。[10]當你的焦點是成就和收穫，實現目標會讓你感到高興，充滿喜悅、快活、興奮的感覺，或者用青少年的語言來形容，你覺得很「爽」。實現進取型目標給人帶來亢奮的感覺，這和實現防禦型目標的感覺截然不同。若你追求的是安全、保障、避免損失，當你做到的時候，你得到的是放鬆、平靜、自在，好像終於鬆了口氣。這種「很好的感覺」不會讓人感到亢奮，但同樣很值得。

當計畫不如預期，情況越變越糟，目標焦點同樣決定了你的「糟糕」感受。為什麼有人面對失敗會著急，有人則會憂鬱？

希金斯在解釋這個問題時，首次發現了進取與防禦型焦點帶給人們的情緒差異。當你在追求利益或努力去完成一件對自己至關重要的事，失敗會令你悲傷，使你萎靡不振、鬱鬱寡歡、垂頭喪氣，或是像人們常說的，「簡直要崩潰了」。然而要是沒能實現防禦目標，意味著危險，你自然會產生強烈的「糟糕了」的感覺，你會充滿焦慮、驚慌失措、緊張兮兮、膽戰心驚，你被嚇壞了。這兩種感覺都令人難受，但迥然不同。擺脫（或者幫助其他人擺脫）這些不好感覺，使用的策略與方法也有天壤之別。

適合目標焦點的策略

現在，想像你是一個獵人，藏身在深深的叢林之中，等待毫無防備的小鹿出現。忽然，你聽到灌木沙沙作響的聲音，看到一個棕色的影子從樹叢中閃過。由於距離太遠，你無法確定那究竟是鹿，還是一隻沒有經濟價值的動物，還是你看花了眼，根本就沒有動物，只是一陣風吹過。你得在轉瞬之間做出選擇，開槍，還是不開槍？你會得到四種可能的結果：一是你有可能判斷正確，前方確實是一隻鹿，你開槍擊中了牠；二是你有可能判斷錯誤，前方並不是鹿，你開槍既浪費了子彈，還嚇跑了附近的鹿；三是你可能判斷正確，沒有開槍，因為前方不是一隻鹿；四是你也可能判斷錯誤，前方確實是鹿，你卻沒有開槍，因而錯過了扛著獵物回家的機會。

心理學家把這樣的境況稱作「信號偵測」（signal detection），目的是將「信號」與「雜訊」成功地區分開來。換言之，你到底看見鹿了，還是沒看見？牠真的在那裡（信號），還是只是風吹樹葉的聲音（雜訊）？如果你的回答是肯定且判斷正確，表示你「命中」（hit）目標；如果你的答案是肯定但判斷失誤了，這就叫作「假警報」（false alarm）；如果你的回答是否定且判斷正確，這是「正確拒絕」（correct rejection）；如果回答是否定且判斷錯誤，這很明顯是「失誤」（miss）。

在追求進取型目標時，我們對命中的機率尤為敏感，很想要放手一搏。「不入虎穴，焉得虎子」就是十分典型的概念。在追求進取型目標的人眼裡，再沒有什麼比失誤（鹿真的出現了，獵人卻沒有開槍）更糟糕的了，這意味著浪費了命中的機會。因此，進取型思維的人在類似的情形中習慣說「好」，把握機會，做了再說；在我們舉的例子中，也就是獵人會開槍。這樣的人具備心理學家所謂「風險偏好」（risky bias）的心理特點，他們可能命中目標的次數更多，但可能出現失誤的次數也更多；他們的確更有可能擊中鹿，同時也更有可能因為亂放槍而嚇跑了鹿。

防禦型思維的人小心謹慎，他們想在射擊前確定看到了鹿，減少犯錯的風險。他們最討厭假警報，不喜歡在冒險之後才發現自己錯了，因此追求防禦型目標的人往往對機會說「不」。心理學家稱之為「風險厭惡」（conservative bias），在我們舉的例子中，他們是傾向不開槍、寧願等待的獵人，他們不會嚇到鹿或浪費子彈，但更常空手而歸。[11]

風險偏好與風險厭惡可能表現在各種行為上。例如追求防禦型目標的人不太喜歡為了嘗試沒做過的事，而放下自己正在進行的事；他們寧可「跟熟悉的魔鬼打交道」，應付難搞但熟悉的事物總比未知的風險好。[12]這樣的保守本質使他們與愛冒險的人比起來更少拖延，因為他們擔心無法按時完成任務。[13]

在追求進取型目標時，人們可以更自由地進行探索和抽象思考。他們會集思廣益，時常腦力激盪，找出實現理想的多種選擇及可能性。相較之下，這樣的人更有創造力，尤其擅長挖掘事物之間的關聯性或是整合資訊。然而在追求防禦型目標的過程中，類似的抽象和創造性思考相當耗時而且難以計算成果。如果想避開風險，就得採取具體的行動，選定計畫，堅持執行，並且留意每個細節。防禦型思維的人都善於把握細節，對於已完成和未完成的計畫了然於心。[14]

採取進取或防禦型思維的人，在社交上也會採取不同的策略。進取型焦點促使我們從獲益的角度看待友誼，用更「熱切」的策略努力加深友誼，比如支持朋友，或是經常邀約朋友一同遊玩。防禦型焦點則讓我們用「警覺」的策略維持友誼，例如我們會和朋友保持聯絡，以防日後失聯。這兩種思維的差別，也會在人際關係出現問題時表現出來。

每個人都曾有被拒絕或被忽視的傷心經歷。有趣的是，被排斥的方式可能決定了你應對時所採取的策略。心理學家丹・莫爾登（Dan Molden）和同事進行一項研究，讓參與者在網路上交朋友。[15]每位參與者都以為自己正透過電腦和另外兩個人聊天（三人聊天室），實際上，另外兩人都是躲在隔壁房間的研究人員。接著，莫爾登讓研究人員採取不同的排斥方式，要麼直接拒絕一起聊天的參與者，要麼忽視他們。在拒絕的情境中，和參與者聊天的網友（研究人員）會這樣回應：「你是說真的嗎？」「你一定在開玩笑吧？」「我搞不懂你這樣的人。」在忽視的情境中，另外兩個人（實驗人員）假裝發現和對方是鄰居，於是聊得十分投入，把實驗參與者完全晾在一邊。

結果發現，人們被直接拒絕（明確、主動、直接的社交排斥）後會產生失落感，這種感受導致他們採取防禦的回應方式。這些人感到焦慮，對社交場合「退避三舍」，並且為自己說過的話或做過的事感到後悔。另一方面，當人們被忽略（含蓄、被動、間接的社交排斥）時，他們覺得在收穫朋友這個目標上失敗了，錯失了一個機會，使得他們聚焦於進取的回應。他們會感到悲傷和沮喪，會為沒說的話和沒做的事後悔，但也更有可能再次試著參與交談。

運用合適的策略

進取與防禦型焦點使我們運用不同策略來追求目標。如果你的目標屬於進取型，你會想方設法縮短與目標的距離，運用風險較大的策略，更有可能「命中」目標。如果你的目標屬於防禦型，你更有可能採用謹慎、保守的策略，也就是預防「假警報」的策略，避免危險的失誤。的確，採用與目標相一致的策略極其重要，但這並不是選擇策略的唯一標準。

用防禦策略來實現防禦型目標，用進取策略來實現進取型目標，這樣的搭配可以讓你的動力更上一層樓。托瑞•希金斯認為，一般來說，使用與目標最相符的方法來實現目標，能給目標帶來額外的價值。也就是要「感覺對」。正如俗話所說，重要的不是贏輸，而是你怎麼「玩」。「玩得好」，意味做這件事情的方式讓你感覺很好，感覺對。希金斯和他的同事做了數十個相關的實驗，結果表明，當目標與策略一致，採用「感覺對」的策略能使我們更投入、堅持更久。[16] 這樣一來，我們更有可能在享受過程的同時實現目標。

我和希金斯、愛麗森・貝爾、奈爾斯・博傑（Niles Bolger）共同展開一項實驗，例證目標與策略匹配的重要性。在實驗中，我們觀察進取型與防禦型兩種不同思維的人，看他們在日常生活中如何應對各種困難。我們讓實驗參與者連續三週寫日記，寫下他們如何應對一天之中最具挑戰性的事。我們還提供了策略列表，與進取焦點對應的敘述包括「我努力尋求其他手段來實現目標」、「我專注於做自己喜歡的事」，以及「為了彌補在這件事的不足，我在其他方面努力下功夫，以便做得更好」；防禦型焦點的應對策略包括「我認真仔細地做事，以防再出現任何錯誤」，以及「我這天避免了各種不好的事情發生」等。

這兩種解決問題的方法都可能成功，但我們發現，當參與者運用與自己目標焦點一致的策略來解決問題時，明顯更開心，煩惱更少；反之，目標與策略不一致，則會導致不開心，煩惱更多。所以當你遇到問題時，只是採取行動還不夠，你需要採取與目標相一致的行動。懂得「進取」與「防禦」的區別，有助於你做出最好的選擇，也就是讓你「感覺對」的選擇。[17]

一個目標的優勢是另一個目標的劣勢

進取或防禦型目標會引領我們採取不同的策略，所以有時候，其中一個目標會比另一個目標更能達到預期的成果。換句話說，無論我們專注於「進取」或「防禦」，都會有更擅長或更不擅長的事情。

從事任何一項具有複雜度的活動，比如看書或粉刷房間，都涉及了心理學家所謂「速度與準確度」的權衡困境（speed-accuracy tradeoff）——當我們做得越快，犯的錯就越多，但要是放慢速度，則會在其他方面付出代價。不難想像，進取與防禦型思維的人處在「速度與準確度」的對立兩端。在追求進取型目標時，我們往往更在意速度而非準確度。若在粉刷時一心想趕快漆完整個房子，即使有的地方漆得不均勻，或是地板沾到些許塗料，我們可能也不會在乎。同樣的道理，若看書時發現前面的內容沒有看懂，你可會選擇繼續看下去，到最後自然就懂了，因為你想趕快把這本書看完。[18]

當目標是防禦型時，我們更傾向於放慢速度，力求毫無瑕疵地完成任務。當然，這得花很多時間，這也是防禦型思維的人願意付出的代價。研究顯示，防禦型思維的讀者遇到讀不懂的段落時，常常會回過頭細細品讀，直到完全讀懂。他們讀得慢，不會放過每一個細節。[19]（有趣的是，另一項研究發現，防禦型的人在某種情況下會比進取型的人行動更迅速，也就是在開車的時候，複雜的路況代表危險的局面，因此踩煞車的動作會更快、更敏捷。[20]）

另有證據表明，隨著時間的推移，這兩類焦點會導致迥然不同的成功率。進取型目標可以在短期內使人充滿活力和激情，猶如「打了雞血」，但這種激情無法維持太長久。防禦型目標則會提醒我們，穩定發揮才能贏得比賽。研究人員觀察戒菸和減肥的成功率，進取型思維的人在最初半年內成功的比例較高，但防禦型思維的人更能控制自己的情緒，不會因一時的成果而興高采烈，也因此更能繼續保持下去。所以，最佳的戒菸（或減肥）策略也許是以進取的心態去逼近艱難的目標，將關注焦點放在戒菸給你帶來的好處，等到實現目標後，再採取防禦心態竭力堅持，以免辛辛苦苦得來的成果付之東流。[21]

以防禦為焦點時，你會時刻警惕麻煩的出現，對那些令自己偏離目標的障礙尤為敏感。正因如此，當我們從可能遭受損失的角度來思考目標時，我們更擅於抵抗誘惑，排除干擾。令人驚訝的是，一項研究表明，當眼前有干擾等待排除時，我們會更享受追求防禦型目標的過程！[22]在另一項實驗中，參與者在做數學題時，研究人員播放電影預告和搞笑動畫進行干擾。結果防禦型的人不但比進取型的人做得更好，受到干擾的人也比沒有受到干擾的人表現得更好。在追求防禦型目標時，誘惑和障礙反而增強了人們保持警惕的動機，使他們獲得更大的成功。

最後再來舉個例子，讓我們觀察進取與防禦對談判手法的影響。買賣雙方在討價還價時，買家期望能以最低價格買下物品，但他也知道，若自己砍價太猛，談判可能破裂，賣家會扭頭離開。在一項研究中，心理學家亞當・加林斯基（Adam Galinsky）和同事將五十四名管理碩士學生兩兩分組，一個扮演買家，另一個扮演賣家，來模擬製藥廠的併購談判。[23]「買家」和「賣家」都知道這筆買賣的詳情，包括「議價範圍」介於一千七百萬至兩千五百萬美元。接著，加林斯基控制買家的目標類型，在談判開始前讓一半的買家花幾分鐘寫下「你期望的表現與談判成果，並且想想如何取得這樣的表現和成果」，從而讓這些買家樹立進取型目標。他讓另一半的買家寫下「設法避免」的表現與結果，以及「如何預防」，從而讓這些買家樹立防禦型目標。

談判開始，買家開始出價，結果進取型思維的買家開價比防禦型思維的買家低了近四百萬美元。前者願意冒更大的風險，把價格壓得更低，而這種談判策略也獲得了回報。到最後，進取型思維的買家以平均兩千一百二十四萬美元的價格成交，而防禦型思維的買家則以平均兩千四百零七萬美元的價格成交。為什麼會出現這種結果？加林斯基認為，進取型目標促使談判者死死盯住他們（理想中）的價格，而防禦型目標似乎令談判者過於擔心談判失敗或陷入僵局，從而接受不太有利的協議。這是又一件值得我們停下來思考的事——兩個談判者掌握的資訊完全相同，面對的談判對手也相差無幾，然而其中一人卻比另一人多付了近三百萬美元，唯一的差別僅僅是一人想著自己一定要獲得的收益，另一人則想著自己必定會蒙受的損失。

在理解進取型和防禦型目標之後，我們（以及我們的親朋好友）的大多數行為就能解釋得通了。你也許明白了自己為什麼總是樂於冒險，或者總把風險看成瘟疫，避之唯恐不及。你可能清楚了自己為什麼不習慣過於樂觀，或者為什麼遇到難題時能保持堅定不移的信心。你現在知道為什麼有些事情對你來說總是如此艱難，而有些事則易如反掌。

了解過去的自己，現在你知道怎樣充分把握未來，欣然接受你的進取型或防禦型思維，好好去做一些能夠增強信心和動力的事情，幫助自己實現目標。當別人的好心建議與你的個人目標相衝突時，你不會再猶豫不決，因為你懂得「感覺對」有多重要，你會信任自己的感覺，讓它指引你一路前行。

要點回顧

- **進取是為了有所收穫，防禦是為了避免損失。**

本章講到了進取和防禦型焦點的區別。當你的目標以進取為焦點，等於你把它看成一種成績或成就，是你理想中希望獲得的東西。當你的目標以防禦為焦點時，你會從安全與危險的角度來考慮，也就是說，它是你必須實現的東西。一般來說，進取目標關係到收益最大化，而防禦目標則關係到避免損失。

■ **如果你屬於進取型思維，樂觀精神對你有利。**

如果你採用進取型的思維方式，或者正在追求進取型目標，那麼，對自己有信心並且更積極地思考，可以助你一臂之力。樂觀能在你追求進取目標時給予你超強動力，增強你的熱情與活力，助你克服前進道路上的障礙。

■ **如果你屬於防禦型思維，樂觀精神於你不利。**

若你是防禦型思維的人，或正在追求防禦型目標，過度樂觀或許不是個好主意。過度自信會削弱你的動力和警覺性。實際上，一絲絲悲觀對你來說最為有用，因為再沒什麼比察覺到失敗與危險的可能性更能讓人心生警惕。

■ **進取目標使人熱血沸騰，防禦目標令人如釋重負。**

實現進取目標時，我們會歡欣鼓舞（「哈！我真是太厲害了」），失敗時則悲傷不已、垂頭喪氣（「唉，我真是沒用」）。實現防禦目標時，我們往往感到平靜和放鬆（「好險，我躲開了子彈」），失敗時則更加焦慮或緊張（「哦不！這下真的麻煩了」）。

■ **進取型目標偏好風險。**進取型目標導致「風險偏好」，使我們對任何事情都說「好」，讓我們討厭錯失機會，激發我們更強的創造力和探索能力。進取型思維的人喜歡想新點子，嘗試新方式。他們更注重速度，不太在乎準確度；他們善於談判，因為他們不怕邁出冒險的第一步；他們放眼全域，把握時機。

■ **防禦型目標規避風險。**防禦型目標導致「風險厭惡」，使我們更有可能出於害怕犯錯而說「不」，使我們不太想嘗試新事物，或者用新方法實現目標。不過防禦型目標也使我們更擅長做計畫，從而避免了拖延。這類型的人更注重準確度，不太在意速度。面對誘惑和干擾時，他們表現得更好，而且不會丟三落四。

■ **運用合適的策略。**進取與防禦都能帶來成功，重要的是辨別焦點的類型，運用與焦點一致的策略來行動。與目標相符的策略不但能帶來更大成就，還能讓你「感覺對」，從而使你的成功之路更愉悅，更心滿意足。

■ **研究當下局面**。

記住，即使大多數時候我們要麼從進取的角度，要麼從防禦的角度來看待目標，但有些時候，你所處的局面決定了你會聚焦於進取還是防禦。隨時留意自身所處的局面，並且時常改變策略，使之與目標始終保持一致。

第五章　讓你幸福的目標

今天早晨，我大約五點起床。我兒子馬克斯經常起得很早，所以我也跟著爬起床，煮點咖啡，和他一起坐到沙發上看紐約當地的新聞。今天的新聞報導說，「黃金之心」（Heart of Gold）基金會的創始人黛博拉・柯尼斯博格（Deborah Koenigsberger）女士，因其對社會的貢獻，榮獲了「每週紐約客」（New Yorker of the week）的稱號。這個慈善機構每年向大眾募集數百萬美元，為無家可歸的母親和孩子提供庇護和生活所需，並且送上關懷。他們讓母親接受職業培訓，讓孩子接受教育，還會每月舉行聚會和戶外活動。獲得面試機會的媽媽們可以得到幾套上班用的新套裝，甚至在無家可歸的人找到新歸宿後，該機構仍提供支援和撫恤，讓他們積極參與基金會的事務。

黛博拉是個非常幸福的人，她在發光發熱，點亮他人。當電視台的記者詢問她在基金會的工作情況時，你能十分明顯地看出來，不論工作有多艱苦，需要付出多少，她都全心投入其中。她的雙目炯炯有神，臉上笑靨如花。看到她的報導，我立刻從沙發上跳起來。我備受鼓舞，不僅因為這個組織的使命，得到幫助的母親和小孩的境況也令人十分感動。看著黛博拉的臉，我暗自思忖：「我也想成為像她那樣快樂的人。」

不論實現任何目標，都能讓我們感受到至少片刻的快樂。但有一種快樂給人愉悅感受，卻轉瞬即逝；另一種快樂則源於追求目標本身，是一種從頭到腳、持續的溫暖與幸福。在我的人生中，我時常體會到這種幸福，你一定也體會過。當我們墜入愛河時，當我們和親朋好友共度美好時光，當我們實現某個成長目標，還有，當我們為需要幫助的人（不論是同事、鄰居還是陌生人）無私地奉獻、慷慨地伸出援手時，我們都會感到由衷的快樂。隨著年齡增長，加上我對自己既是心理學家，也是普通人這雙重身分有了更深入的了解之後，我有幸做過不少能給我這種幸福感受的決定。我一定還能做得更多。我覺得你也可以。

建立有意義的人際關係，追求個人的成長與發展，回饋社會，這些都是十分可敬的目標，但它們的價值不僅僅體現於其高尚的一面。相反地，追求名聲、財富與他人的敬仰，感覺起來就不這麼高尚。追求名利是完全可以理解的，而且已成為一種普遍現象，但難以讓人欽佩。歸根結底，追求這樣的目標對我們不是太好。只追求外表和財富的人往往很不快樂，即使他們成功躋身富豪名人之列。為什麼？難道實現目標（不論是什麼目標）不能讓我們打從心底快樂嗎？

事實證明，某些目標對我們更有益，因為它們滿足了人類的基本需求，使我們的內心世界更加豐富，提升了自我價值感，而不是從他人眼中尋求價值和認同感。如果你想獲得真正的快樂（並且讓內心充滿熱情），不僅目標的內容十分重要，它的源頭也很重要。你背負重重壓力報考醫學院，是為了實現自己的夢想，還是為了滿足父母的期望？你為這個專案努力工作，是因為你想把它做好，還是因為它是老闆交付的任務？因外部壓力而追求目標的人，就算那些目標再崇高、再有價值，他們也不會全力以赴，表現永遠差強人意。他們會採用膚淺的策略，而那些策略只能讓他們勉強過關。在我的班上，很多學生整個學期從不翻課本，只有在考試前一天晚上臨時抱佛腳。他們也能及格，但沒過幾個月就把那些知識忘得一乾二淨了。

實現目標並不代表一切。從長遠的角度來看，知道自己要什麼以及自己為什麼想要，其實同等重要。讀完本章後，你將了解，你這一生追求過的種種目標是否真的對你有益。你將明白，來自外界的壓力（包括贏得獎勵）有時會剝奪了你與你關心的人的快樂。

我們真正需要的是什麼？

縱觀心理學這門科學的歷史，心理學家熱衷於探討人類基本需求的本質和數目，即所有人類為獲得幸福必然產生且必須被滿足的動機。我們甚至喜歡在酒吧和派對上討論這些話題，所以，邀請心理學家參加派對前可要三思！

有些人認為人類的基本需求只有少數幾種，有些人則認為多達四十種。儘管爭論激烈，多數心理學家仍一致肯定愛德華・德奇（Edward Deci）和理查・萊恩（Richard Ryan）的論點，他們在「自我決定理論」（self-determination theory）[1]中提出人類與生俱來的三種心理需求——歸屬感（relatedness）、勝任感（competence）與自主感（autonomy）。

歸屬感是感覺到自己和他人之間的聯繫，並且接受他人關心的一種渴望，也就是愛與被愛的渴望。因為它，我們與他人培養友誼和建立親密關係；因為它，當某段關係結束時我們會感到難過痛苦，當我們尋求建立關係卻未能如願時會感到寂寞。正因為尋求歸屬感，我們會加入俱樂部、登入交友網站，或是花大把時間泡在社群網站上。與社交有關的目標，包括認識新朋友、培養並鞏固現有的人際關係、回報社會等，都能夠滿足我們對於歸屬的需求，就像喝水能解渴、吃飯能充飢一樣。儘管有時候吃飯會吃得太飽，喝水會喝得太多，但似乎不存在「太多歸屬感」這種情況。我們總是能夠從一段新關係中受益，或者從在耕耘舊有人際關係時感受到更強烈的歸屬感。

勝任感涉及你能否影響周圍環境，獲得你想要的東西。智慧是一種能力，但絕不是唯一一種。擅長各種事情會使你產生勝任感，你會發現社交、身體、情緒、藝術、組織和創造等各方面的能力與智力同樣重要。對勝任感的需求驅使著我們的好奇心（天生的學習動力），讓我們在克服困難後感到自豪。這也是為什麼我們總是以自己擅長的事情來定義自己（比如「我很聰明」、「我很幽默」，或「我是優秀的聆聽者」）。某些目標能幫助你提高自身能力，從而使你有所作為，包括發展技能、學習新事物、實現個人成長等，這些目標能滿足你對勝任感的需求。和歸屬感一樣，勝任感從來沒有「太多」，你永遠不會覺得自己「太擅長」做某件事情而感到困擾。

最後是自主感，它涉及自由，更具體來說，它涉及如何選擇並組織自己的經歷，以及能否按照自己的興趣或某件事本身的吸引力來做決定。你做的事情多多少少體現了你的本性。美國某位總統說過：「自主讓你感覺自己就是決定一切的人！」自主就是要你知道自己是棋手，而不是棋子。當我們被自己的願望鼓舞，會主動參與感興趣或真心喜愛的活動，而不只是被迫執行任務。心理學家稱之為「內在動力」（intrinsic motivation），這也是目前為止最好的一種驅動力（後面會詳細闡述）。

我們生活在這世界上，需要其他人，需要擅長某些事情；聽到心理學家這麼說，你可能不會感到驚訝。但你可能從來都不知道，原來人們有多麼渴望自由。或者換一種說法，你可能從來都不知道，剝奪人們做主的自由，等於同時剝奪了人們的快樂。

我們不需要的目標

如同前段所述，並非所有目標都能為我們帶來持久且真實的滿足感和幸福感，因為並非所有目標都能滿足我們對歸屬感、勝任感以及自主感的需求。那麼，哪些目標能滿足這些需求呢？一般而言，能夠建立、支援和強化人際關係的目標都可以，著重於個人成長、體魄鍛鍊或接受自我（即正視自己的缺點）的目標也可以，能回報社會和幫助他人的目標也可以。

追名逐利，尋求權力，一心打造光鮮亮麗的形象，為了獲得他人的認可，或是從膚淺的表象尋求自我價值感，這些目標都無法提供持久的幸福感。純粹為了賺錢而累積財富，也不會讓你真正感到幸福（不是說錢不重要，而是有錢也不能保證一定幸福）。如果這些都不能給我們帶來真正的幸福，為什麼我們還是渴望追求這些目標呢？

因為我們誤以為這樣的目標可以帶來幸福。許多人沉浸在「有錢沒煩惱」的錯誤幻想中，其實只要仔細想一想，就會明白這句話正好相反。富人和名人的煩惱，也許比你我想像的還要多好幾百倍。我敢打賭，你每提起一個幸福快樂、事業成功的名人，就能聯想到另外五個身罹各種成癮症、擁有一連串失敗的人際關係、極度缺乏安全感並且自我厭惡的名人。

德奇和萊恩認為，當我們對自主感、歸屬感及勝任感的需求一次次受挫，便會轉而追求這些膚淺的目標，它們是自我價值的外部源頭。當我們發現自己被困在高度控制（剝奪個人自由）、太具有挑戰性（剝奪勝任的感覺）以及被拒絕（失去歸屬的感覺）的局面時，很容易就會轉換目標。換言之，當我們面臨太大壓力或者我們的選擇被拒絕時，當我們覺得自己什麼都做不好，當我們孤單且無法和其他人建立有意義的人際關係時，就會轉而追求那些次要目標，以此作為一種防禦策略。「如果我無法得到我要的愛，那我就要努力賺錢、出名，到時自然會有很多人愛我。」這種策略的諷刺與悲劇性在於，你對名聲、財富和知名度的追求，代表你在本質上無法實現那些真正重要的基本需求。

這些都是替代品，替代我們本該追求的目標。這些替代品會讓你忙於追求，卻無法獲得真正的快樂。

到底是誰的目標？

我的侄子哈里森喜愛讀書，他的母親常看到他窩在書架旁邊，手捧一本書，津津有味地讀著某個關於海盜或巫師的故事。近幾年聖誕節，我問他想要什麼禮物時，他列出的清單上都會有一張書店的購書卡，這樣他就可以在書店待一整個下午，精心挑選想看的書。不過從去年開始，除非迫不得已，哈里森很少再碰書。諷刺的是，迫不得已的情況時常出現。今年，他的五年級老師要求每個學生每天至少閱讀三十分鐘，並讓家長簽字證明完成作業。我的嫂嫂寶拉注意到，自從老師給學生閱讀作業後，哈里森看書時常常不耐煩地抬頭看鐘，盼著三十分鐘快點過去。以前，就算沒有任何獎勵或催促，哈里森也會主動看書，而且一看就是幾個小時，現在卻焦急地盼望時間快點過去，好去做其他事情。在他看來，讀書已經成為一種被迫完成的任務。

當寶拉跟我說起這份強制性閱讀作業時，我勃然大怒。我確定老師是出於一片好意，我清楚讓孩子讀書是多麼重要（和多麼艱難），而出作業是讓孩子讀書的一種方式，但這麼做的代價是什麼？在這個例子裡，代價是犧牲了哈里森自然而然、發自內心的閱讀動力。如果我們能注意到並且保護、培養這種動力，將使孩子終生受益。

正如你所見，選擇能帶來持久幸福感的目標，或是心理學家馬丁・塞利格曼（Martin Seligman）稱之為「真實的幸福」的目標[2]，能產生最強的動力和最大的滿足感。除此之外，追求自己選擇的目標，也能產生同樣的效果。自己選擇目標，可以產生我先前提到的「內在動力」，也就是受到事物本身吸引而去做的渴望。當內在動力被激發，我們會更享受追求目標的過程，會覺得一切更有趣味，會發現自己更有創造力，遇上困難時更加百折不撓，而且表現得更好。內在動力是一種強大的力量，能夠激勵我們朝目標邁出第一步，並且堅持走下去。

每當我們為自己做出選擇，內在動力就會增強。事實上，只要能夠「感覺」自己在做主，不論實際上是否真的如此，通常比較容易成功。德奇和萊恩把真正擁有自主權，或者只是擁有自主權幻覺的情況稱為「自主支持」（autonomy-supportive）。不論年齡和身分，不論是家長、老師、教練或老闆，這個方法對任何需要提升動力的人來說都極為有效。在一份針對三百名八、九年級學生的研究中，對體育老師的「自主支持」評價較高的學生（「我覺得體育老師給我選擇的機會」、「我覺得體育老師接受我」）更喜愛運動，甚至更願意利用課餘時間主動做運動。[3]相信自己是出於「自願」，是因為「我想這麼做」而去健身房運動，就會對運動產生積極正向的感覺，覺得自己能主導、掌控這一切。如果你對運動的感覺很好，就會讓你更想運動。

研究一再顯示，當人們覺得自己有選擇權並且能掌握自己的命運，就會更有動力，更加成功。在一項減肥實驗中，有些參與者覺得從研究人員身上得到了自主支持，有些參與者則覺得自己被控制，只能照著遊戲規則走。結果，前者比後者減掉了更多體重，並且在接下來兩年內維持得更好。[4]在糖尿病管理、戒菸、[5]戒酒、戒毒[6]等研究也得到類似的結果。若人們覺得自己的新年目標反映了自己的願望和價值觀，通常越能繼續堅持下去，實現的機率也更大。[7]

說到激發並維持動力，自主感尤其重要。若老師能關注學生的需求，了解學生的興趣和愛好，並且提供資源來培養這些愛好，學生就能感受到老師的自主支持。「自主支持型」的老師為學生提供選擇，創造共同決定的機會。他們幫助學生理解並擁護學校的價值觀。相反地，「嚴加控制型」的老師採用的是與學習內容無關的方式來鼓舞孩子學習，比如獎勵和懲罰。他們包辦了所有的決定，並且很少向學生解釋為什麼。他們將學生視為教育的被動接受者，自己決定教什麼，學生就得接受什麼。眾多研究結果顯示，獲得自主支持的學生更有可能繼續學習，取得更好的成績，表現更強的創造力和不畏挑戰的精神，並在課堂上感受到更大的學習樂趣。[8]當學生對自主感的基本需求得到滿足，他們會更喜愛學習，學到的東西也更多。

若自主感的需求受到抑制，就會出現完全相反的情形。當學生感覺被管得緊緊的，即使是曾經熱愛學習、像哈里森那樣擁有內在動力的孩子，也會放棄追求目標。遺憾的是，在某種程度上，內在動力是非常脆弱的。一項以「獎勵對孩子本能的玩耍動機有何影響」為主題的早期研究證實了這一點。心理學家馬克・萊珀（Mark Lepper）、大衛・格林（David Green）和理查・尼斯比特以三至五歲的兒童為對象，觀察他們自由玩耍的情況，想了解他們什麼時候會從眾多玩具中挑出馬克筆來畫畫，以及能堅持畫多久時間。接著，研究者告訴一部分孩子，用馬克筆畫畫有可能贏得「優秀小玩家」的獎勵（其他孩子則沒有獎勵）。不出所料，可能獲得獎勵的孩子比沒有獎勵的孩子花了更長時間畫畫。

你可能認為獎勵是強化動機的好方法，會這樣想不無道理。但過了幾星期後，當心理學家回收那些馬克筆，真正有趣的事情發生了：沒有了獎勵，那些曾經拿到獎勵的孩子對畫畫也不再感興趣。他們的內在動力被獎勵破壞了，馬克筆變成了有獎勵才會拿起來的玩具。從某種意義上說，他們的行為被獎勵控制了。而那些從來沒有獎勵的孩子一如既往地想畫就畫，為畫而畫。他們的內在動力一直都完好無損，也就是說，馬克筆依舊是他們自己選擇的玩具。

為了不至於讓你覺得獎勵是不好的而且會破壞人們的動力，讓我來解釋一下。有些獎勵是可行的，出人意料的獎勵以及不與成績掛鉤的獎勵都是有效的。因此，當前述實驗中的兒童在遊戲結束時因獲得了獎勵而大感驚喜，或者當他們不論選擇玩什麼都能得到獎勵，他們天生對馬克筆的喜愛之情就不會受到損害。一些口頭鼓勵，如「做得好」或「非常棒」，似乎也不會產生反作用。當然，當行為與內在動機無關時，例如需要完成一項乏味、耗時、根本沒有樂趣和興趣可言的任務時，獎勵仍然是激勵人們的一種好方法。

獎勵不是唯一可能破壞內在動力的因素。威脅、監視、最後通牒和其他壓力都會破壞內在動力，因為我們會將其視為一種控制，覺得自己無法掌控全局。遺憾的是，大多數的工作環境都充斥著這些破壞因素，彷彿一口一口吞噬著人們對工作的熱情。讓人「感覺」有所選擇，並且承認他們的內心體驗，可以將這種破壞慢慢挽救回來，進而將自主權還給他們。然而在我們的生活中很難避開這種因獎勵或威脅造成的破壞，重要的是學會如何打造「自主支持」的環境，保護內在動力。接下來我將介紹一些可行的方法。

如何營造自主選擇的感覺？

當人們可以自己選擇目標並決定採取何種行動，內在動力也會不斷增強。但是很可惜，不是每個人都有機會行使這種自主權。有時你得讓別人按照你的吩咐去做，學生需要完成老師交代的作業，員工得完成老闆下達的任務，缺乏經驗的孩子常會需要父母的引導，才能做出最好的決定。怎樣才能儘量不破壞可能存在的內在動力，同時合理地安排任務，鼓勵對方採納目標？事實證明，真正的自由選擇並沒有那麼重要，重要的是自主的感覺。有些選擇即使瑣碎虛幻，依然能給人們帶來自主感。幸好，要營造自主感十分容易。

以心理學家戴安娜・科爾多瓦（Diana Cordova）與馬克・萊珀為首的一項研究為例，他們藉著學習遊戲為孩子提供自主選擇的「感覺」。[9]這類干預實驗僅以兒童為目標對象，因為研究顯示，從三年級到高中這段期間，孩子的內在動力會穩步下降。年幼的兒童喜歡學習，而這種天生對學習的熱愛到了青春期會逐漸減少，直到最後全部消失。想辦法阻止甚至逆轉這個趨勢就變得極其重要。科爾多瓦與萊珀讓學生玩一個科幻電玩遊戲，藉此學習數學方程式的運算先後順序（例如先乘除，後加減的規則）。和普通數學課一樣，學習內容都是研究人員決定好的，沒有讓孩子選擇的餘地，而且每個人玩的都是同一款遊戲。不過他們給其中一些孩子提供了「與教學無關」的選項，讓孩子可以「自主選擇」玩家肖像、給自己的太空船命名，還可以給敵對外星人的太空船命名；其他的孩子則「沒得選擇」，角色肖像和名字都是電腦隨機選的。

研究人員發現，能「自主選擇」的學生對遊戲的熱愛，遠遠超過「沒得選擇」的學生，而且前者更願意在課後留下來繼續玩遊戲，即使這會佔用他們寶貴的休息時間。覺得自己有選擇權的學生（哪怕這些選擇與學習內容毫不相干），在玩遊戲時運用了更講究的策略，在隨後的複習測驗中亦取得了明顯較高的分數。他們在報告結果的時候表現出更強的自信，並且說明希望這個遊戲能夠改版，改得更具挑戰性。營造自主選擇的感覺，哪怕這些選擇沒有太大意義，也可以滿足我們對自主感的需求，培育我們的內在動力，創造更好的體驗和更卓越的績效。

增強動力並非營造自主感的唯一好處。證據顯示，滿足自主需求，對個人的心理健康至關重要。心理學家艾倫・蘭格（Ellen Langer）和茱蒂絲・羅丹（Judith Rodin）在七〇年代初期完成了一項標誌性研究[10]，她們認為住進養老院的老年人，精神與身體健康狀況之所以急劇惡化，部分原因是他們居住在一個完全「不需要做決定」的環境。在那個年代，養老院裡的老年人每天的生活基本上都一樣，從一日三餐到休閒活動，甚至連個人及環境衛生的保持等，都是由照護人員一手安排並執行，不需老人動手也幾乎沒問過他們的意見。就算是高級一點的護理之家，老年人同樣明顯缺乏自主選擇的權利。

蘭格和羅丹設計的實驗很簡單，她們讓院方召集部分老人前來開會，由院長宣布，大家可以自由擺放室內物品，可以從各式各樣的活動中選擇今天想要怎麼過，還可以向工作人員投訴或建議。院方允許每人養一盆植物，完全由老人家自行照顧，看護不會提供任何協助。院長強調，每位老人都可以自行選擇。

該實驗的對照組其實也有同樣的選擇，但院方向老人描述那些選項時，將說法換成了「允許」而非「自由選擇」（比方院長會說「允許你們探望其他樓層的人」，而不是「只要你們願意，就可以自由探望其他樓層的人」）。院方會提醒對照組的老人，院裡的看護會盡最大努力為他們創造良好的生活條件，而且讓老人開心是他們的責任。老人們聽到的是「請讓我們知道該如何幫助你」，而不是「請讓我們知道你想改變什麼」。看護會幫老人養的花草澆水，老人自己卻得不到這個機會。

這項實驗的結果充滿戲劇性。「自主選擇組」的老年人比「沒有選擇組」的老年人更快樂也更主動。看護對前者的評價是這些老人的頭腦更清醒，精神及身體狀況均得到改善，後者的健康水準卻退步了。自主選擇組的老人花更多時間探望其他人，和看護也交談甚歡；十八個月後，研究人員再回到老人院追蹤訪問，看護覺得老人變得「更幸福、更有好奇心、更喜愛與人交際、更主動、更有精神」。最顯著的結果是在這十八個月內，自主選擇組的老人死亡率為15%，而沒有選擇組的老人死亡率為30%。只是讓老人自己動手澆花、自己決定房間的傢俱，就讓死亡率降低了一半！正如我之前所說的，我們都低估了自由對身心健康的巨大影響，但無論如何，我們都能感受到沒有選擇自由所帶來的後果。

如何將他人的目標內化？

向別人交代目標時，給他們擁有自主選擇的感覺還有另外一個極大的好處——這是讓他們在不知不覺中把被交付的任務轉化為個人目標的最佳方法。心理學家稱這個過程為「內化」。把外在的規定和要求轉化成內在價值觀所認同的目標，這就是內化。孩子接受父母灌輸的理想和建議，並且當作自己的奮鬥目標，這也是內化。我小時候經常把一腳的泥巴帶進屋子，弄得房間裡到處都是髒腳印，被母親大聲責罵；如今，我自己的女兒也是這樣弄髒房間地板，我對她的喝斥也是如出一轍。在長大的過程中，我逐漸把母親對整潔乾淨的推崇及標準內化了。

只有當我們的基本需求得到了支持和滿足，才能助推內化的過程。當我們體會到與他人（不論是父母、朋友還是老闆）的關聯時，內化出現了。這個過程還會要求你覺得自己有能力勝任被內化的價值觀，讓你覺得自己可以達到某些標準。我對整潔的要求不如我母親那般高標準，也許是因為我覺得自己根本做不到。當我們能夠理解價值觀背後的道理時（也就是當別人向我們解釋這個目標為何如此重要），我們的歸屬感和勝任感將會大增。「理解」對於內化至關重要。過多的控制與施壓會破壞這個過程，剝奪個人的自主感，把目標變成一個不得不完成的任務。在我的例子中，我的母親會不厭其煩地向我解釋整潔的重要（包括經常提起「別人看到這一團亂會怎麼想」），並且要我自己動手整理房間。保持房間乾淨變成一件讓我引以為豪的事，因為這是我自己的勞動果實。漸漸地，整理房間不再與母親有關，而是變成了我對自己的要求。

這重要嗎？我跟你打賭，非常重要。如果某個目標被內化，你將獲得內在動力增強所帶來的各種好處（創造力、更深入的分析能力、更卓越的績效、更大的樂趣、更強的工作渴望等）。身為管控者，還能避免獎勵、懲罰或持續監控帶來的麻煩。另一個重要的點在於，當我們真心擁抱目標，便能享受到更多的快樂和幸福感。理查・萊恩和同事的某項研究在這裡提供了一個有趣的例子。他們詢問不同基督教派的人多久舉行一次活動，例如上教堂或者禱告等[11]，並且問為什麼要做這些事情。萊恩發現，出於內化原因而參加宗教活動的人的心理狀態更健康、更快樂，出於外在原因而跟著這樣做的人則否。由此可見，宗教活動本身並不會增加你的幸福感，除非你是真心想這麼做。

關於自主感，我還想多說一句：我認為，人們很容易把自主與獨立混為一談，或者更糟，把自主與自私相互混淆。滿足自主的需求，和自己包攬一切、忽略他人的感受，並不是同一回事。如果自主意味著與只在乎自己，不在乎自己以外的任何人，將會威脅到你對歸屬感的需求；這兩者是對我們來說同等重要。自主感是一種關於意志與選擇的體驗，是相信自己的行為源自於自己，反映了你的信念與價值觀。自主感並不會讓你與他人之間的相互依存產生衝突，你仍然可以感受到人與人之間的聯繫、關懷和相互合作。與家人或團隊共同擁有的目標，或為他人利益而追求的目標，對你來說，和你個人利益的目標同樣真實。事實上，追求這類目標也許比其他目標能帶給你更大的快樂。

要點回顧

■ **人類有三種基本心理需求：歸屬感、勝任感與自主感。**並非所有目標都能帶來持久的快樂與幸福，就算實現了也一樣。能滿足人類三種基本需求的目標，才能帶給我們真正的幸福。

■ **歸屬感增強人際關係。**追求建立人際關係或回饋社會等目標，可以滿足你對歸屬感的需求。你為自己設立了類似的人生目標嗎？

■ **勝任感發展新的技能。**追求個人成長、從經驗中學習、發展新技能等目標，可以滿足你對勝任感的需求。你正在追求的目標能滿足這方面的需求嗎？

■ **自主感體現你的熱情**。

追求和興趣、愛好、個人天性及核心價值觀一致的目標，可以滿足你對自主感的需求。你花了大部分時間追求的目標，與這裡所形容的目標一致嗎？你在做你真正想做的事嗎？

■ **會發光的不全是金子**。

追求外界的肯定或自我價值的外在體現，比如外貌、名聲、財富等目標，不但無法為你帶來快樂，還會干擾你追求真正讓你快樂的目標，降低了你的幸福感。如果你的人生目標是類似這樣的目標，也許應該學著放下它們。

■ **內在動力點燃最大熱情**。

由你自主選擇的目標，能夠增強你的內在動力，讓你獲得更大的樂趣、更持久的耐力、更強的創造力和更優異的表現。然而所有我們認為是在控制、操縱我們的東西，包括獎勵、懲罰、監督等，都可能會破壞這種動力。當你試圖激勵別人時，請謹慎選用正確的方式。

■ **自主感激發內在動力**。

只要身處在「自主支持」的情況下，就能保護甚至激發內在動力。當我們「感覺」受到他人認可並且擁有選擇時，哪怕這選擇沒那麼重要或者是虛幻的，都能讓我們對自主感的需求得到滿足，動力和幸福感也將隨之增強。給孩子、學生或員工任務時，可以試著引入這些因素。這也是幫助他人將目標內化的最好辦法。當被賦予的任務內化為自己的目標，終能獲得最大的成就。

第六章　選擇適合自己的目標

你從前面幾章認識了人們追求的各種目標，現在你可以思考哪些目標適合自己，哪些目標適合你的員工、學生或孩子，甚至可以鼓勵他們去追求那些目標。然而目標種類繁多，你可能不知該從何下手。應該選擇進取型還是防禦型？展示才華型還是謀求進步型？該從「為什麼」還是「做什麼」的角度來思考呢？

在下定決心之前，想一下，現在的你正努力實現什麼樣的目標？你是否正面臨格外艱鉅的挑戰？你是否需要堅持不懈才能克服這個挑戰？成功是否意味抵抗誘惑或做出犧牲？對你來說，享受奮鬥的過程與達成目標同樣重要嗎？你需要豐富的創造力嗎？你必須迅速投入工作嗎？你必須做到完美無缺嗎？

很遺憾，這世界上沒有一體適用的目標。每種目標都各有優勢與劣勢。選擇正確的目標，意味著找到最適合你的特定情境的目標。這個選擇至關重要，因為它是成功的關鍵之一。

在這一章，我會說明實現目標時最容易遇到的幾種情況，幫助你對症下藥，找到合適的目標，解決每個問題和挑戰。

當你覺得不費吹灰之力

坦白講，有時我們給自己設的某些目標並不難。也許是需要執行的任務本身就相對簡單，或者至少對你來說是簡單的，可能你之前已經做過了，並且清楚知道自己應當做些什麼。或者，你已經擁有實現目標所需的能力。當實現目標等於做一件簡單、直接或熟悉的事情時，採用展示能力型的績效目標對你最有利。正如我在第三章所提，當你有機會展示自己的聰明、才華和能幹，特別是實現目標可以獲得獎勵時，可以帶給你強大的動力。感覺有某件重要的事迫在眉睫，而成敗將取決於你的表現，在這種情況下可以激發你十足的精力和飽滿的熱情，讓你把最拿手的事情做到最好。

另一個方法是從進取焦點的角度來思考目標。當任務很簡單，我們會容易變得自信又樂觀，這種時候進取型目標最能激勵人心。（相反地，在這種情況下要避免採用防禦型目標。當你進入防禦型思維模式時，過度自信會導致冷漠，對目標失去興趣。）若想讓目標聚焦於進取焦點，問問自己，實現這個目標後，你能從中獲得什麼？你獲得的東西又如何與你的希望、夢想與抱負產生聯繫？

當你需要鞭策

你是否有過這樣的感覺：你有一個真的很想實現的目標，但不知怎的，就是沒法提起勁開始行動。光陰似箭、日月如梭，幾天、幾星期、幾個月的時間飛逝而過，你和目標的距離卻始終沒有拉近。這種經驗十分普遍，例如我成年後的大部分時間都想鍛鍊身體，我真的想鍛鍊，可偏偏從未鍛鍊過。（直到最近我才開始運動，我改變了方法，後面還會講到。）我們看不見進步，原因有很多，可能是我們看待目標的某些方式導致動機不足和拖延。

經常採用「為什麼」的思考方式，可以幫助你點燃熱情。回顧第一章，我們可以從「為什麼」做這件事的角度來思考我們的目標，要不就是從做這件事的具體步驟該「做什麼」的角度思考。鍛鍊身體可以看做是「希望變得更健康、更有魅力」（為什麼），也可以看做是「一週去健身房三次，在跑步機上慢跑」（做什麼）。研究顯示，思考「為什麼」能使人產生更為強大的熱忱和動力。這並不難理解，當我們從宏觀的視角來看待目標，我們會記得實現這些目標為什麼如此重要。

防止拖延的另一種方法，是在設立目標時採取防禦型焦點。我知道，這聽上去似乎不是很有意思，但是沒有什麼方法比認真思考失敗可能帶來的可怕後果更有效的了。運用防禦型思維的人幾乎從不拖延，因為久拖不決會使他們陷入瘋狂。他們認為擺脫危險的唯一方式便是立即採取行動。因此，如果你的問題是拖延，試著想一想失敗後可能失去的一切。我知道，這樣的想法不太舒服，但要達到偉大成就確實需要付出代價。

當前路十分坎坷

導致目標難以實現的原因有很多。有時，你為了完成任務，必須投入全新、從未接觸過的領域，例如第一次當父母，或是在工作上轉換跑道。有時，你手上的任務很複雜，極具挑戰性，例如自己經營公司，或是面對艱鉅的談判。在實現目標的道路上有很多無法預見或避免的障礙，例如減肥的人每天都要忍受隨處可見的美食誘惑。

最終能夠實現目標的關鍵，有時是失敗後的百折不撓。假如在做某件事時，失敗好比家常便飯，成功猶如一種意外，你就只有堅持下去才能獲得成功。好比作為一個演員，在成名之前通常經歷過多次的拒絕與負面評論，然而有些人總能在跌倒後爬起來，拍拍身上的灰塵，繼續義無反顧地前行。政治家也有落選的時候，發明家也會做出無法運轉的小玩意，律師有時會輸掉官司，醫生即使拼盡全力也無法救活每一個病人。幾乎所有成功人士都經歷過在黑暗中掙扎的困境。無論你是正在努力克服難關，或是在失敗後仍爬起來繼續奮鬥，好消息是，有些方法可以助你渡過難關。

首先，你應當將目標具體化。回顧第一章，我曾講過，最能激發動力的目標是具有挑戰性（但並非難以達成）且清晰明確的目標。和「減肥」相比，「減掉五公斤」這樣的目標更好，因為你可以清楚知道自己是否實現了目標，或是距離目標還有多遠。當目標難度很高，你會知道自己需要加倍努力；若是目標太過模糊，容易讓自己矇混過關。

其次，將你的思維方式從「為什麼」轉換成「做什麼」。嚴格地從「我需要做什麼才能實現目標」的字面意思來理解並思考，這種作法對正在努力實現困難目標的人有極大幫助。將關注重點放在具體行動上，能使你的效率更好，更明白該如何解決困難。

容易的目標給我們帶來樂觀和自信，相反地，困難的目標常讓我們懷疑自己的能力，懷疑自己究竟能不能成功。產生懷疑的時候，你最好試著從防禦型的思維來看自己的目標，在這種情況下，悲觀情緒能賜予我們力量。感覺事情好像不如預期順利，可以激起我們的警覺，勾起我們不惜一切代價實現目標的動力。當我們腦中想的是如果達不到目標可能失去什麼，而不是達到目標可能得到什麼，即使目標非常艱難，放棄的可能性也會小得多。

說到解決困難，我最喜歡的建議，是從謀求進步而非展示能力的角度來思考目標。回顧第三章，當我們把關注焦點放在個人的成長與發展，而不是只為了證明自己，便能更加從容地面對困難。把挫折看作有助於個人成長的標誌，而非個人失敗的象徵，不用太擔心成功的概率，因為我們知道，即使做不到完美，我們也一定會進步（畢竟進步就是我們的目標）。

我的第一個孩子安妮卡剛出生時，初為人母的我一定是以「展示能力」為目標。當然，我看了很多育兒書籍，也看了許多育兒節目。身為心理學家，我對「安全型依戀」的形成了解得十分透徹，也知道許多關於「回應式教養」的知識。我本來想成為「世界上最偉大的母親」，希望把育兒的方方面面都做得完美無瑕。

然而現實猶如一記當頭棒喝，從一開始，安妮卡就被家人叫做「愛挑剔寶貝」（有人告訴我一種更官方且更正確的名稱是「高需求寶寶」）。從出生直到一歲半，她每天除了吃飯和（不太經常）睡覺之外，一直都在尖叫。由於我把自己的目標設定為「世界上最偉大的母親」，因此我把她的種種過激反應都看成是我身為母親的無能與失敗。我把一切怪在自己頭上，我的心情每天都在焦慮和憂鬱之間來回波動。我夢見自己鑽進車裡，將油門一腳踩到底，衝向夕陽，只求逃離所有混亂和自我懷疑。

然後，事情出現了轉機。我站在絕望的懸崖邊緣（實際上是蜷在廁所角落）誠實地剖析自己，結果意識到我的想法錯得離譜，因為我的目標從一開始就是錯的。（儘管我是心理學家，但我們自己遇到問題時有可能反應非常愚鈍。）沒有人是完美的，身為父母也是一樣。說到底，認為每個人都可以完成每一項艱難又複雜的育兒挑戰，並且把每一件事情都做對，就是一種愚蠢的想法。每個孩子都是獨一無二的個體，當你迎接一個新生命的到來，你不可能預想到將來得處理和面對的各種狀況。

於是我卸下了包袱，接受自己並非什麼都懂，也不可能把所有事情都做好。我把我的目標從「展現能力」轉變為「謀求進步」，不再試圖證明自己是「世界上最偉大的母親」。我的目標變成了「在媽媽這個角色裡一點一點進步」，並且努力學習滿足女兒的所有需要，磨練我的耐心。在學習的過程中，我的沮喪和焦慮也慢慢減輕了。

如今的我跟一開始相比，已經可以算是個稱職的母親。我更有耐心，每次出現突發狀況，我不再覺得天要塌下來了。根據我丈夫的說法，現在的我活得開心多了，把自己關在廁所裡的時間也變少了。與此同時，我的女兒也從一個非常難搞的寶寶，變成一個可愛、友善，而且相對容易照顧的小女孩。我不知道她的轉變和我育兒目標的改變有多大關係，或者這只是一般的兒童成長過程，但無論如何，我的生活確實完全改變了。

當你無法抗拒誘惑

越值得你努力追求的目標，意味著你必須抵抗越多的誘惑。要想考試取得好成績，你得拒絕電視的誘惑或朋友的邀約，埋頭苦讀。要想在職場獲得晉升，你得給人留下好印象，並且壓抑住想罵老闆是蠢貨的衝動。有些目標就是伴隨著很多誘惑，比如萬寶路之於戒菸，或是甜甜圈之於減肥。

抗拒誘惑很難，通常需要強大的自制力（我會在後面的章節再次討論這件事），而我們大多數人在這方面都需要非常多的幫助。所以，儘可能選擇能幫助我們抵抗誘惑和干擾的目標，將會是個好主意。

首先，這又是一個該從「為什麼」而不是從「做什麼」來思考的情況。如我在第一章提到的那樣，想一想你為什麼要追求某個特定目標，也就是說，提醒自己從大局著眼，可以幫助你抵抗誘惑。喝下一杯草莓奶昔的好處（一種轉瞬即逝的滿足感），和變得健康且更有魅力，這樣一比，奶昔的誘惑立刻黯然失色。想想自己究竟為什麼要減肥，時時提醒自己，就越容易堅持下去。

設立防禦型目標，也是增強自制力的絕佳方法。如我在第四章提到的，當我們把焦點放在避免損失而非獲得利益時，不僅更能克服誘惑和干擾，實際上還會效率倍增——防禦型思維的人在充滿誘惑和干擾的情況下反而表現更好。我知道這聽起來很怪，有點像天方夜譚，但事實的確如此。當你從防禦的角度來思考，誘惑和干擾會使你更加警惕。例如正在節食的人看到一大堆的點心，往往會把它們當成危險物品，彷彿是一個個「糖衣炮彈」，非常用力地在提醒自己減肥隨時有可能會失敗，而這種想法反而增強了他們堅持節食的動力。

你可能注意到，人們總在第一次心臟病發作之後，才開始認真看待自己的健康問題。美國前總統柯林頓在做了心臟支架手術後，便很少被拍到出現在麥當勞附近，他的氣色也從來沒有看起來這麼好過。儘管我的父親沒有心臟病，最近他也開始決心戒菸，更認真看待身體健康。因為就在戒菸前不久，他試著跑步，結果發現自己只跑了幾個街區就累得上氣不接下氣。柯林頓在薯條面前表現出的軟弱意志，和我爸爸對抽菸的嗜好顯然都消失了。當他們一想到向誘惑妥協可能帶來的可怕後果，速食和香菸的吸引力也急劇下降了。一般來說，經歷過健康危機或其他類似的事情之後，通常都會將目標焦點轉變為防禦型。只要能繼續堅持這樣提醒自己，就能輕鬆戰勝誘惑。

當事情迫在眉睫

有時你真的需要盡快完成工作，有時成果的量比質來的重要。你的屋子現在還一團糟，但同事十分鐘內就會來敲你家門；今晚就是聖誕夜了，你卻還沒準備好禮物；明天就要交讀書報告了，可是這本四百多頁的書你卻一個字都還沒讀。你意識到自己需要速度，該選擇什麼樣的目標呢？

答案很簡單（但真正做起來可不容易），你需要一個進取型目標。很多研究顯示，當人們把焦點放在追求最大收益（而不是避免損失）時，會督促自己加快動作，工作更迅速，願意冒更大的風險，讀書一目十行，只看重點，略過細節。用這種方法也許會不時出點小錯，但拿得出成績，而且速度快。

當你需要完美地完成任務

有的時候，你必須把事情做對。你不在乎花多長時間，只要做得對，做得好。如果是這種情況，你該設立一個防禦型目標。當你抱著「一定會造成損失」的心態，然後用「避免造成損失」的方法來完成目標，你會放慢速度，謹小慎微，避開任何風險，採用最保險的方法。你會認真讀每一個字，把句子看了一遍又一遍，確保不會遺漏些什麼。也許時間長一些，但可以把任務做得完美無缺。

當你需要行雲流水般的創意

當你想要集思廣益、腦力激盪、啟發靈感，你想要新奇又大膽的創意，想要跳脫思想的框架，哪種目標最適合你呢？如果告訴你，從進取的角度去思考目標，能強化你的創造力，你應該不會太驚訝。別去想可能的損失，多想想你可能的收穫，可以帶出正向、樂觀的精神，鼓勵你運用抽象思維，擁抱風險，大膽嘗試。以上這些態度都能點燃你的創造熱情，激發創意。

此外，我們主動為自己選定的目標，也就是能滿足自主感的目標，同樣能激發創意。一方面，自主選擇可以增強內在動力（受到事物本身吸引而產生去做的渴望）；內在動力越強，創造力與自發性就越強。另一方面，當我們覺得受到控制時，抽象和創造思維的能力往往也會減弱。時間壓力、懲罰、監控，甚至過度執著於可能的報酬，都會嚴重影響到創造和創意的發想過程。

有的人似乎天生就明白這些，於是盡最大努力保護自己對創造的熱情。以前，我系上的一位研究生拿到了心理學和創意寫作的雙學位。他將課餘時間都用來寫詩和參加寫作課程。在我看來，他對詩詞的愛好遠超越心理學，但最後他成了一位心理學家，而不是詩人。有一天，我問他為什麼選擇當心理學家，他說他希望可以一輩子熱愛寫詩，但他知道一旦以寫詩為生，他的興趣和天賦總有一天會被打壓、毀滅。為了讓自己的熱情不被截稿壓力所限，或是受公眾輿論打擊，他選擇成為心理學家，而詩詞依然是他發自內心選擇一生追求的目標。

當你想欣賞沿路景色

為了成功，為了完成目標，過程和其他的一切都不重要了嗎？有時候為了達成目標，必須做一些讓我們覺得緊張、不愉快或者乏味的事情。在學校，成績好的學生幾乎都得花很多時間讀很多書，但他們不一定都真心喜歡唸書。在公司，許多優秀的員工可能實際上非常討厭上班。在家裡，爸媽都很愛自己的孩子，但做家長這件事其實比想像中難得多。其實我們可以不必這樣的……如果你的目標選對了，達到目標的這趟過程可以更有趣、更引人入勝。

若想享受實現目標的過程，試著把焦點放在謀求進步而非展示才華。大量的研究表明，以學習、成長和發展技能為目標的人，不僅更投入自己正在進行的事，而且一般來說也會更享受自己的生活。如果是學生，他會更喜歡自己在學習的東西；如果是員工，他會更熱愛自己的工作。我在第三章提過一項針對大一化學課的學生所進行的研究。那些投入於學習新知識（而非炫耀能力）的學生，比其他人更覺得化學是門有趣的學問，並且認為這門課比預想的更令人愉快。我們驚訝地發現，這種謀求進步的目標產生的效應，與學生之前的成績完全無關。換句話說，不論這些學生成績如何，他們最後都喜歡上化學，並且從這項體驗得到最大的收穫。

一般來說，自主選擇的目標會比別人交付的目標有意思得多。諸如獎勵和懲罰之類的控制因素，會把我們的注意力轉移到目標以外的東西，從而降低我們對目標的投入感。如果你過於在乎年度考績，你很難熱愛或投入你的工作。當你被父母逼著上音樂班，你可能不會覺得自己演奏的音樂有多好聽。比賽原本是每個運動員爭取榮耀的方式，但是當贏得比賽的壓力變成沉重負擔，當教練只在乎是否贏得比賽時，參加比賽可能無法成為愉悅與驕傲的源泉。為了在實現目標的過程中感受到最大的快樂，請選擇一個真正屬於你的目標。

當你想要真正的快樂

說起動力，並不是條條大路都通羅馬。即使你已經實現目標，也不是所有目標都能讓你獲得令人欣羨的滿足與幸福。許多人以為，想要幸福快樂，首先得取得成功，成功最重要。實際上，我們身邊有很多極其成功卻活得不快樂的人。這是因為他們追求的目標並不能滿足人類的基本心理需求，也就是歸屬感、勝任感和自主感。

記住，有助於建立並發展人際關係的目標，能滿足了我們對歸屬感的需求；追求聚焦於個人成長的目標，能滿足我們對勝任感的需求（例如謀求進步的目標，正好是最理想的選擇）；追求自己選擇的目標，能滿足我們對自主感的需求，因為這種目標最符合你的興趣、你的能力和你珍視的價值觀。

只求贏得他人認可的目標，例如追名逐利、贏得威望或巨額財富，這樣的目標無法帶給我們真正的快樂。讓他人或他物來決定你的自我價值，不論什麼時候看起來都是個壞主意。即便你能實現這些目標，你所獲得的幸福也都只是過眼雲煙，因為你最真切的需求沒有辦法被滿足。追求這些目標反而讓我們更痛苦，因為它奪走了我們本該追求的一切。

和學齡前兒童相處的時候，你會發現他們不太在意自己是否受歡迎，而且他們對金錢的興趣只有想把它們放進嘴巴裡。那他們在乎什麼呢？他們在乎父母是否關注他們，和他們一起玩（歸屬感）；他們在乎可以嘗試的事情，比如學走路、學爬行、學著玩遊戲（勝任感）；他們十分在乎是否能做他們想做的事（自主感）。大家都知道，想要控制這個年紀的孩子是件十分困難的事，因為他們會勇猛地捍衛自己的自主權。每每聽到人們談起「兒童的智慧」，我發現自己有時聽得很膩，因為說實話，我們成年人比兒童聰明多了，起碼我不會把硬幣含在嘴裡。但我承認，孩子們比我們更了解「動力」這件事，他們追求真正能夠滿足需求的目標，不會費盡心力去追求做不到的目標。至少這解釋了為什麼當個孩子比當個大人快樂多了。

要點回顧

如果可以，請一定要選擇與你手中正在執行的任務更相符的目標。

- **當事情比想像中容易時，選擇展示才華的目標。**

專心致志地展示你的能力，並且全心全意實現進取型目標，將焦點放在成功後可能獲得的好處上。

■ **當你無從下手時，選擇宏觀思考。**提醒自己「為什麼」實現目標對你來說很重要。此外，選擇防禦型目標，將焦點放在失敗後可能面臨的損失上。

■ **遇上困難或不熟悉的任務時，選擇具體的目標。**考慮細節，思考實現目標到底得「做什麼」。選擇防禦型、謀求進步的目標，把注意力從完美的表現轉移至個人能力的進步。

■ **面對誘惑時，從「為什麼」的角度考慮你的目標。**同時選擇著重避免損失的防禦型目標，可以幫助你更能夠抵抗誘惑，包括那些最強大的誘惑。

■ **如果你需要快速實現目標，選擇聚焦於收益的進取型目標。**

■ **如果你需要準確實現目標，選擇聚焦於止損的防禦型目標。**

■ **如果你需要創造力，選擇進取型目標。**確保這個目標是你真心想要選擇的，因為自主的感受能激發創造力。

■ **如果你想讓追求目標的過程饒富趣味，選擇謀求進步的目標。**

記得，這個目標必須是你自己選擇的。當我們把焦點放在謀求進步（而非展示才華），搭配強烈的內在動力，便能享受整個過程，讓自己更快樂。

■ **如果你想擁有真正持久的幸福，選擇能夠滿足歸屬感、勝任感和自主感這三個基本需求的目標。**

不要太過關注名聲、權力和財富，就算你能因此得到想要的東西，那種短暫的快樂也無法持久。

第七章　幫助他人設立最佳目標

到目前為止，我在書中提出的建議，都是關於如何選擇自己的最佳目標，讓自己獲得最大的成功，感受最大的幸福。不過有時候，你需要改變的不是你自己的目標，而是別人的。如果你是經理、教練、老師或父母，你時常會需要激勵別人，為別人的幸福負責，或者，最起碼要為他們的工作效率負責。你得幫助他們設立最佳目標，引導他們取得最大成就（同時還要有益於整個團隊或公司）。當然，這說起來容易，做起來可就難得多。

若是直接替他人設立目標，大多數人（包括我們自己）都會心生抗拒。假如你告訴某個學生應該更用心學習，而不是證明自己有多聰明，他會說，反正他學到的東西最終還是得靠分數來評斷，怎麼可能不關注成績。假如你告訴某位員工應當把工作看作個人成長的機會，而不只是賺錢的機會，等你一轉身離開，他也許就會將你所謂的「個人成長」拋到九霄雲外。

讓別人改變目標是件難事，不過幸運的是，社會心理學家很擅長處理這樣的難事。為了研究不同目標對人們會產生什麼樣不同的作用，我們得控制各種目標——我們透過實驗改變別人的目標，並且看看會發生什麼事。好消息是，在實驗中管用的方法，在教室、辦公室、運動場和你家餐桌同樣奏效。在這一章，你將學會如何鼓勵員工、學生和孩子採納某個目標，透過信號與暗示，將他們的注意力導向正確的動機。我會分享自己在課堂上進行的研究成果，你將發現這些技巧多麼簡單易行，效果又是多麼顯著。

直接指派

經理人和領導者經常得給他人指派目標，這是他們的任務，但這項任務並非那麼令人羨慕。想讓公司成功，就得讓員工支持公司的策略；要讓學生習得知識，老師得費盡心思鼓舞學生學習。簡單地告訴某人應該達到什麼目標，這樣直接的方式其實是有問題的，但似乎又無法避免。當你需要指派目標時，如何才能使他人接受呢？要怎樣做，才能讓別人採納我們的目標，同時讓他們保持奮鬥的動力呢？畢竟你覺得好的目標，並不代表他們也覺得好。

你可以試試以下幾種方法，來提高他人對目標的接受度。

首先，在指派目標時，讓他人感覺自己仍保有一些自主和控制的權利，這樣能夠恢復他們的自主感。人們喜歡擁有選擇的餘地，哪怕只能二選一，也是個選擇。若目標是預先設定好的，讓他們自由選擇實現目標的方式，也能給他們「選擇感」。

在我的社會心理學課堂上，學生想要拿到學分，除了考出好成績之外別無他法。但我讓他們選擇考試的形式，看他們想多寫些選擇題，還是多寫論文。這種方法讓學生根據自己的偏好和能力，選擇對自己最有利的形式，在實現目標的過程中發揮一定的自主權。若人們在工作和學習時能有所選擇，對整個局面保有一些掌控的感覺，不僅能產生更強的動力，還能進一步減輕壓力和焦慮。

其次，讓人們參與決策（不論是關於目標或達成目標的方式），這麼做不僅給人擁有選擇的感受，還能幫助他們理解目標背後的意義。為什麼這個目標值得追求？為什麼它很重要？我該怎麼做才能從中受益？記住，只有對目標產生認同與價值感，才會產生為目標奮鬥的動力。當這種價值被內化，就不用再擔心他們不主動或不付出了。

遺憾的是，共同決策有時候是一種難以實現的理想，你得想其他辦法來鼓勵對方積極參與。在這種情況下，訂立契約是非常有效的替代方案。白紙黑字的契約內容非常明確，這種約定行為具有目標導向性，是公開的、具有效力的承諾。即使一開始誘因較弱，公開承諾也可以使目標升值。畢竟大家都不希望食言而肥，自己承諾的事無法兌現，不僅讓人覺得靠不住，還會失去信任。研究顯示，訂立契約可以有效提高人們達到既定目標的動力，包括戒毒、減肥、戒菸，甚至促進夫妻和諧。沒錯，就連正在吵鬧的夫妻，也可以利用書面約定更有效地約束自我和對方。

我最近看了幾期《減肥達人》實境節目，其中不乏利用公開承諾激勵參賽者的好例子。如果你沒看過這個節目，讓我簡單介紹一下。這是一個減肥比賽，每週減重最少的人將被淘汰出局。每位肥胖症患者都有一個私人運動教練，他們還得執行嚴格的飲食計畫。這些選手每週進行的訓練簡直就是折磨，我這麼說還算輕描淡寫了。節目一開始，選手必須承諾自己的減重目標，工作人員則會告訴選手可以吃多少食物、做多少運動、要燃燒多少卡路里。如何才能激勵這些長年沒運動，連仰臥起坐都做不起來的人每天運動六小時？因為他們知道，一旦自己入選了這個節目，就要不惜一切代價地減肥。他們必須讓自己在節目中保住一席之地，因為上百萬觀眾會根據他們是否能兌現自己許下的承諾來評判他們。這就是公開承諾能夠有效增強動力的原因，凡是看了這個節目的人都能證明這一點。

然而鑒於這種契約的性質，節目結束後，契約終止了，有些選手的體重也會開始反彈。除非追求健康已經成為參賽者自己的選擇，除非他們已經真正將這個目標內化於心，否則保持健康的承諾將會隨著時間而消散。

運用信號與暗示

回顧第二章，我曾說過，在許多情況下，我們都是透過潛意識在追求目標。

換句話說，我們不會特別停下來想：「我正在努力實現目標。」我們會直接去做。如果某個目標在潛意識中被觸發（而且我們通常不會意識到目標已經被觸發），我們就會付諸行動。

環境中的提示信號觸發我們潛意識的目標，而這些提示信號可以是和目標有關的任何事物。潛意識是你的好夥伴，它一直都在運作，持續留意你身邊發生的大小事，而且能記住的東西比我們想像的更多。只要聽見或看見與成績相關的字眼（比如贏、收穫、成功、競爭等），或是認識成績優異的人，甚至只要想起時常鞭策自己的父母，都能觸發我們的潛意識，讓我們努力在考試時取得好成績，達成目標。

在一項研究中，研究人員指示參與者對羞辱自己的某個人使用電擊。當一旁的桌上放著一把槍，參與者持續電擊的時間較長，使用的電壓也較高；當桌上放的是羽毛球拍，電擊的時間較短，使用的電壓也較低。參與者完全沒有意識到那把槍影響了自己的行為（順便說一下，參與者並沒有真的電擊他人——他們以為有電，但實際上沒有）。由此可見，僅僅與某件武器同處在一個房間，就能觸發人們的攻擊目標。就算這樣的事情發生在你身上，你當時也不可能意識到這一點。只不過看見某個物品就能產生這樣的影響，聽起來很不可思議，但這種事真的經常發生。

在第二章時，我曾建議你在周遭環境中儘量安插有助於實現目標的提示信號。現在你可以把這個建議用在別人身上，不時提供你的孩子、學生或員工提示信號，讓他們時時充滿動力。

那麼，你該運用什麼樣的提示信號呢？說一些合適的關鍵字會是很好的開始。心理學家塔妮雅・沙特朗（Tanya Chartrand）和同事[1]讓實驗參與者玩拼字遊戲，結果發現，接觸「節儉」或「名貴」這類詞語的參與者，分別在不知不覺間被觸發了追求節儉或追求奢華的目標。研究人員讓這些人玩過拼字遊戲後，再讓他們買襪子：一雙名牌襪子，或是三雙超市品牌的襪子，這兩個選項同樣要價六美元。結果，接觸「名貴」詞彙的人之中，超過60%的人選擇了名牌襪子；接觸「節儉」詞彙的人之中，只有20%選擇了名牌。將襪子換成其他高檔名牌和平價品牌來比較，呈現的結果也相去不遠。所以，如果你的另一半像我丈夫那樣把錢包捏得緊緊的，要想讓他給你買個貴重禮物，可以時常帶著他經過名牌專賣店門前，觸發他的高消費目標。然而這招不能用太多次，當你們第五次沒來由地在麥迪森大道散步，他可能就會開始存疑了。

詞彙和品牌只是一小部分的提示信號，只要是能達到目標的手段或是採取行動的機會，都可以觸發目標。當健身房映入眼簾，就能激發人們想要鍛鍊身體；走進小農市場，讓人想吃當地盛產的新鮮果蔬，過更健康的生活；瞥見電腦，可能讓你想到該工作了（或玩遊戲，或上網聊天，取決於你平時用電腦來做什麼）。能夠觸發目標的事物無所不在，如果你想有效運用，請記住兩點忠告：第一，請確定這個提示信號對你和別人有同樣的意義。我常聽到家長給孩子買了昂貴的新電腦，然後辯解：「買了它，孩子就會更願意做功課。」孩子很有可能在電腦上什麼都做，就是不做功課。

第二，要記住，你只能觸發對別人來說有正面意義的目標。換句話說，你不能設下幾個提示信號，然後期待別人會去做他們認為無意義或不道德的事。只有當別人覺得成就這個目標是一件好事，你所設的提示信號才會奏效。如果你丈夫的價值觀裡沒有「節儉」二字，無論你帶他從百元商店門口經過多少次，也不可能影響他的消費習慣。

自定「框架」

心理學家在做實驗時，最常用來控制目標的其中一個方式就是利用「框架效應」。當人們有機會做某件事，他們會（通常是下意識地）問自己：「這是一次什麼樣的機會？我這麼做的目的是什麼？」這麼問是因為我們想要知道「我的動機是什麼」。在現實生活中，你需要自己思考這個問題，但在心理實驗中，心理學家會利用框架效應為你提供答案。基本上，研究人員會交給參與者一項任務，然後從特定的角度來說明它，將參與者導向特定的目標。

例如托瑞・希金斯和同事經常告訴參與者，做好這項任務能得到什麼（進取框架），做不好又將失去什麼（防禦框架），用這樣的方法創造出進取型或防禦型的目標。你也可以運用同樣的方式來製造「框架」，給別人分配一項任務，然後讓他們列出肯定可以把事情做好的策略（進取框架），或者確保不出差錯的策略（防禦框架），以此來框定他們的思維模式。

在我的實驗中，我通常告訴參與者，他們從事的活動（拼詞、猜謎、做數學題等）都是「學習寶貴技能的機會」，他們也將「隨著學習的時間越長而有所進步」，用這種方式為他們製造謀求進步的思維框架。展示才華型的思維框架更容易設定，只需要告訴他們成績會被拿來做比較，或者成績將反映出某種重要能力（創造力、智力、運動能力等）。不論何時，當我們知道自己會被他人評價時，幾乎都會想要展示自己的才能。

事實證明，人們如何評判我們，也會影響我們採用的思維框架。心理學家露絲・巴特勒發現，當成績被拿去和別人比較時，我們會採用展示才華型思維；但是當我們的績效是與任務或個人進步相關，我們會把這當成謀求進步的機會。在巴特勒的一項研究中，她要求男女中學生做十道推理題，並告訴其中一部分學生，他們的成績將和其他同學的成績進行排名；同時，她告訴另一部分學生，成績會根據他們過往答題的實際情況來計算，看是持平、進步或退步。在開始前，巴特勒要求學生描述他們預想的答題目標，結果前者更贊同「我想展示我的水準」和「我要避免答不出來或答錯的情況」等表述，後者則更同意「我要鍛鍊我的大腦」和「我要提高解決問題的能力」等表述。（實際上，只有謀求進步組的成績有明顯進步，而且表示更享受答題的過程。）由此可見，僅僅是知道了別人將如何衡量自己的表現，就能為思維方式套上「框架」，相應的目標也會自然而然隨之產生。

請注意，心理學家在運用這些技巧時，絕對不會直接告訴你，你的目標應當是什麼。「框架效應」的技巧相當微妙，它能提供成熟的條件，讓人們自行採納目標，同時不會讓人覺得有壓力或受控制，有效地避免了直接指定目標而衍生的所有問題。

目標感染

和感冒一樣，目標也能富有傳染力。心理學家發現，最有力、最能夠觸發潛意識目標的信號，莫過於看到別人也在追求某個目標。你甚至不必認識那個人，只要他和他的目標讓你有積極、正向的感覺就夠了。至於沒有吸引力的目標，當然也沒辦法吸引或是觸發任何人。

我曾在多次實驗中利用目標的感染力，幫助大學生將學習的重心放在個人成長多一點，不要這麼急於證明自己。這種讓人「追求進步」的干預很有必要。研究顯示，在學期中有多達半數的學生因為自己的表現而感到沮喪，甚至憂鬱。縱觀美國高等教育史，現代大學生過度關注成績表現已經到了一個極致，他們不太注重如何學習，也不在乎如何提升自我的智慧和品德。他們想盡一切辦法只為了贏過他人，我真心為他們感到難過。而那些沒有為了第一名爭破頭的人，往往已經自我放棄。現在的大學輟學率高得驚人，年輕人真的需要轉移目標，把焦點放在謀求進步，而不是展示才華。

遺憾的是，直接告訴學生應該把大學四年當作學習的機會，這麼做幾乎沒有用，只會讓學生心裡產生抗拒。畢竟他們十分清楚，人們都是用分數來評量他們的表現，成績影響甚鉅。我們在評分學生的同時，又責怪他們過於重視成績，不論看起來或聽起來都十分偽善。那我們能做什麼呢？首先，試著讓他們接觸某個以謀求進步為目標的人，等待這個人將自己的目標傳染給這些學生。

好消息是，這種目標感染的速度很快。我第一次嘗試這個方法是在理海大學，在我一位同事執教的初級心理學課堂上進行的。我讓三十名學生（干預組）

填寫一堆調查問卷，中間夾雜了三位著名心理學家的傳記故事，每一篇都強調勤奮工作、堅忍不拔，以及求知渴望對他們的成功有多重要（突顯謀求進步的目標）。我編寫的其中一個故事如下：

阿爾弗雷德・阿德勒（Alfred Adler）在一八七〇年二月七日出生於奧地利維也納。他對當代心理治療有多方面的貢獻，讓人們進一步認識心理疾病是怎麼一回事。他著重看人的整體，而不是將人看成一系列慾望和本能的集合體，因而改變了心理學理論的本質。阿德勒的學術生涯一開始並不被看好，他將童年的一段經歷一直記在心底，長大後他喜歡把這個故事告訴學習有困難的孩子們。他小時候對學校沒有興趣，數學不及格。一位老師要阿德勒的父親把他領回家，去找個鞋匠當學徒，因為老師覺得他沒有辦法畢業。當時阿德勒下定決心，要讓老師對他刮目相看。很快地，他的數學成績晉升為全班第一，他從此全心投入學習，再沒有動搖。

在這篇小故事中，阿德勒被描述為隨著時間不斷進步的人。他小時候的學習狀況很糟，被老師認為無藥可救，但是他透過堅定的意志和不懈的努力，最終成為心理學史上舉足輕重的人物，同時也是以謀求進步為目標的絕佳典範。阿德勒若是一心以展示才華為目標，很可能就會同意老師的話，認為自己缺乏能力，最後一輩子補鞋，而不是修補人們受傷的心靈。

讓我們回到實驗上：另外三十名學生（對照組）拿到了同樣的問卷，但其中並沒有夾帶著名心理學家的故事。一個學期過去，我發現干預組的學生不但更加注重謀求進步，還實實在在地拿到了更好的成績，比對照組學生的成績成長了三分之一。

我在理海大學的基礎化學課用同樣的方法做了實驗，唯一的差別就是把心理學家換成科學家的故事。以下是我採用的其中一篇傳記：

> 歐尼斯特・拉塞福（Ernest Rutherford）出生在紐西蘭，有十一個兄弟姊妹，家庭環境並不富裕。儘管出身貧寒，但他成為了世界上最傑出的思想家之一。他對化學的貢獻包括引領人們了解放射性的原理，並且發現

原子結構，即電子按照一定軌道圍繞著一個帶正電荷的小原子核運轉。這項理論有悖於當時被普遍認同的約瑟夫·湯姆森（J. J. Thomson）「葡萄乾蛋糕」模型。他的許多學生，包括尼爾斯·波耳（Niels Bohr）、漢斯·蓋革（Hans Geiger）、羅伯特·奥本海默（Robert Oppenheimer），後來都成為了諾貝爾化學獎得主。諷刺的是，拉塞福在紐西蘭申請教職時，曾三次被拒絕。他在化學領域的成功來之不易，他獲得的獎學金也是因為第一名無法領獎，才輪得到老是拿第二（或更低名次）的他。拉塞福擁有的最大天賦也許不在於他的頭腦，而是他頑強拼搏的精神和堅定不移的決心，讓他能夠克服重重障礙與難關，在漫長的職業生涯中成就偉大貢獻。

同樣地，我再次從干預組的表現發現了不可思議的改變。學生說他們覺得化學更有趣了，他們的學習動力更強，對自己的能力也更自信。他們更願意尋求幫助，不會認為在化學這方面的學習能力是天生或固定的。他們更專注於謀求進步而非展示能力，成績也提升了。干預組的學生每次考試成績都在進步，對照組學生的表現則相反；前者的期末考試平均成績比後者高了10%。

最近，我把「目標感染」實驗從一學期一門課擴展到整個大學四年。教育心理學最新研究顯示，大學生在學業和社交方面的適應程度，是決定他們去留的關鍵。當他們覺得自己能掌握生活，便不會輟學。我希望能透過這項實驗，了解「進步型目標的感染」是否能影響學生適應困難與挫折的能力。我再次運用了傳記的方法，只不過這次的例子是那些專注於「謀求進步」的理海大學學生，看他們如何成功度過跌宕起伏的大學生活。這裡有一個例子：

年輕的艾倫來自印第安那州的小鎮，對於自己能夠橫跨到美國另一頭去上大學感到興奮不已。但是才開學不久，她已經開始覺得有些力不從心。和多數大一學生一樣，她不習慣得自己做飯、付帳單、洗衣服。在家鄉，她認識每一個人，到了新環境看到的卻都是陌生面孔。總有那麼多的功課擺在她面前，教授規定幾天內就要讀完一本書，開學不到一個月就考了好幾次的試，還要準備幾篇論文。艾倫不只一次萌生收拾行李、打道回府的念頭，但她沒有這麼做。漸漸地，她學會了制定計畫，重新安排唸書和生活起居的時間。她發現只要堅持做下去，這些事情都會變得越來越容易。一年下來，她在課業上不再落後於人，生活也變得井井有條。當然，有時一下子太多事情，艾倫依然會感到壓力很大。但她了解這是成長的必經之路，只要不斷嘗試，沒有做不成的事。

我把這些故事發給某些一年級新生，到了下學期的時候，我再次觀察他們的學習狀況，是否有被謀求進步的目標所影響。看到研究結果時，我在實驗室裡手舞足蹈了整整十分鐘。實驗干預組的成員不僅更經常以謀求進步為目標，而且比對照組的成員更能夠適應校園生活。與其相信天賦能力，他們更相信自己努力的價值，更加自信，總成績也更優秀。

如何運用「目標感染」來引導你的孩子、學生或員工，讓他們去追求你希望他們達到的目標？你可以從尋找榜樣開始，也就是說，跟他們講述那些追求同樣目標的人的故事，並且儘可能用他們認識且佩服的人為例子。這雖然不是必需（化學系學生的寢室牆上不一定都得貼著拉塞福的照片），但的確能提高「感染力」。當然，你也可以以身作則，追求同樣的目標，讓你自己成為榜樣。身為家長、老師、教練或經理，你身處在一個理想的位置，可以在潛移默化中啟發並幫助他人構建目標，而對方可能永遠也不會發現你是如何影響了他們。

要點回顧

■ **使目標個人化**。當你不得不給他人指派任務時，試著提供更多的選擇，讓他們去實現目標。擁有選擇權的感覺就足以帶給人動力。或者，讓他們參與決定的過程，使人更加了解為什麼這個目標值得追求，正是鼓勵人們投入的絕佳方式。

■ **公開承諾**。當個人沒有選擇餘地時，試著和他訂立契約。公開為目標做出承諾，可以增強人們的動力——因為沒有人喜歡違背諾言。但要記住，這種方式只在契約效期內有效。一旦過了期限，動力便會隨之削弱，除非目標已經「內化」。

■ **運用正確的觸發因素**。我們正在實踐的許多目標，都是在潛意識中被觸發的，我們甚至沒有察覺到自己正在為目標而努力。只要能將自己（或對方）和目標聯繫起來，不管用什麼樣的事物（說過的話或者實際的物品）都能觸發潛意識的目標。

■ **框定思維模式**。仔細地為情境設定框架，能夠重塑人們的認知，影響人們採納目標。當我們有改進的機會時，會採用謀求進步的思維框架；當我們被拿來與他人比較時，會採用展示才華的思維框架。有機會收穫，能激發進取型目標；有可能失敗，會激發防禦型目標。框定任務的內容，能使他人自然地採納合適的目標。

■ **利用目標來感染他人**。目標具有高度感染力，當我們看到別人努力追求某個目標時，就能夠獲得強大的暗示，在潛意識中觸發同樣的目標。你可以有效地利用合適的榜樣（包括你自己）來感染他人，前提是這個榜樣對他人來說具有積極、正面的意義。

第三部

開始行動

Go Into Action

第八章　克服障礙

假設你現在選擇了最適合自己的目標，並且在設立目標時做了我在前面建議你該做的所有事情，使自己的動力和決心最大化，那麼，到目前為止，你完全相信自己一定能成功嗎？

嗯，那倒也不一定。你還是有可能無法實現目標，因為你還是有可能犯很多也許會降低成功率的錯誤。

大多數人認為，我們可能犯下最常見的錯誤，是不知道應當採取什麼行動來實現目標，但其實並不是這樣。執行長的商業戰略之所以失敗，通常不是因為沒有人知道如何去執行。學生考試不及格，往往也不是因為他們不懂得應該勤奮學習和好好做作業的道理。家中小孩的房間之所以亂成一團，並非因為他不知道如何整理。

大多數時候，問題都是出在執行這一步。我們沒能抓住轉瞬即逝的機會，是因為我們太忙了。我們運用了與目標的性質不太相符的策略，允許其他目標和誘惑干擾了當前的目標。我們拖延，失去信心，過早放棄。

我在本章會詳細講述實現目標過程中常見的陷阱，也會告訴你為什麼會出現這些陷阱。不用懷疑，你過去一定也曾經歷過相似的情況，你也可以藉此更清楚了解未來將面臨的挑戰。但是知道哪裡可能會出錯還不夠，我們還得知道如何應對，關於這方面我會在接下來一一講解。

把握當下時機

我懷疑是否所有的讀者都需要別人提醒他們，要想達到目標，必須下定決心。我們都知道，如果沒有要把事情做好的動機，沒有嚴肅認真的意圖，可能什麼事也做不成。你可能會感到很驚訝，但強烈的決心也不能百分之百保證目標能實現。意圖的確很重要（你必須很想要成功才有可能成功），但這在實現目標的可變因素中只佔了二到三成。我們辛勤付出，卻有七到八成的機會遇上各種阻撓我們成功的意外情況，而且這還是委婉的說法。我不知道通往地獄的路是不是也一樣，但失敗的道路一定都是用良好的意圖鋪成的。也就是說，我們一定不會想著失敗這件事，但是我們卻失敗了。

我們可能會犯下各種錯誤，但最常讓我們陷入麻煩的錯誤，是錯過及時行動的機會。想像一下，早上起床，吃完早點，送孩子上學，抬頭看鐘，發現離上班時間還有二十分鐘。

你會怎樣安排這段時間？你可以在這二十分鐘內執行很多不同的目標，可以做運動、付清帳單、整理衣櫃或回個電話，也可以收電子郵件、打掃房間或摺衣服。那麼，你到底該把時間分配給哪個目標呢？這些對你來說都是必須要完成的事，於是你考慮一番，確定了目標，然後開始思考如何實現目標。你是要出門散步、做仰臥起坐，還是看著影片做瑜伽，來達到鍛鍊的目標？你是要收拾廚房檯面上的碗筷、洗刷馬桶，還是收拾散落滿屋的玩具，來完成打掃的目標？等你下定決心，一半時間已經過去了。此刻，你也許會告訴自己：「算了吧，時間不夠了。」然後一屁股坐到沙發上，開電視看個幾分鐘的晨間新聞。

你可能沒有意識到，一整天下來，你時時刻刻都在做選擇。你有許多可以實現目標的機會，但你的目標實在太多，你的注意力又容易被分散，所以總是錯失機會。在這種情況下，我該採取什麼行動？我選擇這個目標適合嗎？我想做的事情到底是什麼？當我們還在為選擇時間、地點、方式而搖擺不定，機會已經過去。（不過別擔心，我在下一章會講到解決的方法。）

另一個問題是，並非每個目標都讓人充滿興趣。當你需要做一件不那麼令人愉悅的事情時，也很容易錯失機會。顯然我給自己設定的運動目標就是這種情況。雖然我很希望自己能經常鍛鍊身體，但我得承認，我真的很討厭運動。我的哥哥就是那種運動型的人，甚至高中畢業二十五年後，還有校友記得他多麼熱愛運動。不過那種遺傳基因從沒在我身上展現出來。如果我試著努力去做，也許還有可能成為個像模像樣的運動員，但我從來沒試過，因為我不喜歡跑、跳、出汗或是舉任何重物。

我知道我該運動，我知道這對我的健康非常重要，對我的身材也十分重要。運動是我一直以來的目標，但我從來沒有認真去做過。從未用過的健身房會員卡，積了一層灰塵的健身器材，價格標籤還沒剪掉的新運動服，「洋洋灑灑」地散落在我過去的人生中。我和很多人一樣，為自己的失敗找藉口，最常說的就是：「我太忙了，今天沒空。」聽起來很誠實，很情有可原，可回頭想想，一點也不。我並不是真的沒有任何時間運動，事實上，每當我有時間，我都選擇做別的事，比如多睡一會兒、午餐吃久一點、再加班一下（沒錯，我寧願加班，我就是這麼討厭運動），或者晚上和朋友喝點小酒，放鬆一下。當我有機會實現鍛鍊身體的目標時，我選擇了其他目標。這些選擇不全是故意的，我只是（很方便地）忘記要運動這回事，直到最後想鍛鍊都來不及了。其他並不那麼重要卻讓人更加愉悅的目標，總是搶走了我的精力和注意力。

面對那些不那麼想追求的目標時，我們也很容易錯失取得進展的機會。有時你會在某件事情上花太多時間，然後，突然間，你發現自己沒有足夠的時間去完成當天該做的其他事情。不論面對什麼樣的情況，挑戰都是相同的——抓緊機會，防止它從指縫溜走，不要讓拖延或猶豫不決阻礙我們實現目標。

保護目標

即使擁有強勁的動力，你還是需要保護自己所追求的目標。干擾和誘惑可能妨礙我們原本的努力，使我們脫離正軌，所以自制力才會如此重要。自制力好比站在高級酒吧外頭身材威猛的保鏢，把流氓地痞擋在門外。遺憾的是，大家心裡都有數，自制力也有不管用的時候。可能在某個關鍵時刻，你就是沒有足夠的自制力來抵擋誘惑。當這種情況出現時，我們的大腦還有其他的內在防護機制，心理學家稱之為「目標屏蔽」（goal shielding）。但就算像拿著盾牌一樣，將目標防護起來，這盾牌也可能破損、失效。假如你是《星艦迷航記》的粉絲，應該深知這一點。盾牌也會損傷、變弱，最終被轟出一個大窟窿，結果壞東西就這樣大搖大擺地闖進來。

還好，你可以想辦法增強你的自制力，加固你用來防衛目標的「盾牌」（我會在接下來的幾章更詳細解釋）。不過接著得面對的挑戰更難了：當你的盾牌好好地發揮了保護作用，你卻用它來保衛錯誤的目標，該怎麼辦？這種情況最常發生在兩個對立的目標互相競爭的時候。

基本上，所有的目標都是相互競爭的關係。因為時間有限，假如我們把時間全花某個目標上，其他目標能分配到的時間就少了。好比我用來寫這本書的時間，原本可以用來陪孩子玩或者做運動。不過這並非無法解決的困難，當一個作家，或是做一個好母親，讓自己身體健康，這些目標並沒有互相排斥。只要安排妥當，這三件事都有可能做到（甚至再多也能做到）。但是當你遇上從根本相互衝突的目標時，真正的挑戰來了，因為執行這一個便意味著放棄另一個。你不可能一邊勤儉節約，一邊揮霍無度；不可能又要環遊世界，又要享受家的舒適；不可能一邊大口吃美食，一邊又想著要節食減肥（這是每個減肥者面臨的最基本問題，也是那麼多人最終減肥失敗的原因）。

根據這個衝突模式，所有減肥的人必定都有兩個互不相容的目標，即享受美食（所有人與生俱來的願望）和控制體重。當一塊巧克力蛋糕或一大盤薯條擺在眼前，等於同時觸發了兩個目標——吃，還是不吃。當相互衝突的目標同時在腦中被啟動，大腦的直接反應便是禁止實現其中一個目標，從而豎立一塊「目標盾牌」。換句話說，輸掉的目標不僅僅是被忽略，還會被徹底刪除。（這和「思考抑制」不同。所謂的「思考抑制」，舉例來說，是當你被命令「不可以想著白熊」，反而會使你老想著它。抑制是對主動思維的有意識忽略，而且通常起不了作用；「目標禁止」則是下意識地取消目標，十分奏效。）為了成功控制體重，你必須禁止大快朵頤的目標。遺憾的是，我們的周遭充滿了關於食物的各種提示信號，比如電視廣告、雜誌，以及從你桌旁經過的甜點小推車，那些美食似乎都在等著你去咬上一口。這些提示專門用來激發你對美食的嚮往，讓你轉而禁止節食減肥的目標，讓目標盾牌保衛你想吃的願望，誘惑最終勝出。（稍後我會幫你解決這個問題，請繼續讀下去。）

心理學家沃爾夫岡・斯特羅畢（Wolfgang Stroebe）和同事沒有用任何食物，就成功證明了「目標禁止」的威力。他們讓正在減肥和沒在減肥的實驗參與者下意識接觸到有關享受美食的字眼，比如「美味」和「開胃」。接著，研究人員讓他們看著電腦螢幕，問螢幕上一閃而過的幾個字母可以組成什麼單詞。在接觸與吃有關的詞語之後，正在減肥的參與者對於和減肥有關的詞反應都特別慢，例如「苗條」、「減重」，當然還有「節食」。這種遲鈍是「目標禁止」的經典效果——大腦不光消除了減肥的目標，還順帶把與減肥相關的一切都刪除，包括螢幕上出現的字眼。這是個完美的盾牌，可惜它保護了錯誤的目標。有趣的是，沒減肥的參與者並不會表現出同樣的反應。他們的大腦中不存在這樣的衝突，因為他們沒有經歷減肥的辛苦，也沒有感受到想吃而不能吃所產生的壓力。

兩個對立目標所產生的衝突，對我們的動機來說是最棘手的問題，特別是當你無法放棄其中一個目標的時候。解決之策是認真地做計畫，也就是說，要同時顧及兩個目標，輪流給予同樣的待遇（更多詳情請參見下一章）。

你知道自己在做什麼嗎？

我現在進展到什麼地步了？我得加快腳步，還是放慢速度？我該鞏固之前的努力，還是嘗試新的方法？如果你不了解自己在做什麼，你根本無法實現目標，因為你只是在盲目行動。

你還是有可能一不小心實現了目標，但這機率實在太小，幾乎不可能。因為在缺少回饋的情況下，你的動機系統就會停止運轉。在達成目標的過程中，你的大腦遵循一個十分簡單的原則：減少差異。這正是心理學家所謂「你想去哪裡」（你的目標）和「你在哪裡」（你現在的進度）之間的差異。當你的大腦察覺出目標與現實的差異時，它會試著採取行動來彌合這個縫隙。但要是沒有回饋，即缺乏關於目標進展的資訊，大腦便察覺不出差異，也不會做出任何反應。

這些回饋有時來自於外界，例如老師給你的成績單、老闆給你的考績，或是網站的訪客流量。但在通常情況下，回饋還是得由自己產出。換句話說，你得搞清楚自己到底做得好不好。心理學家稱之為「自我監控」（self-monitoring）。這是實現目標最基本的要素，卻也是人們常常忽略的環節。

首先，自我監控需要你在奮力追求目標的同時踩一下煞車，自我檢查一下，以便獲得必要資訊，來評估自己做得好不好。這並不是件容易的事，就好比你在趕路的時候迷路了，雖然你知道這時需要在路邊停車問路，但又覺得這麼做很浪費時間。就這麼一直開下去肯定比下車問路容易，只不過你很有可能無法抵達目的地，所以，要克服一直開下去的衝動很需要意志力。

其次，如何面對負面回饋，是自我監控的另一個挑戰。也許你做得不是太好，不得不面對這個事實令你感到痛苦，這是對你的自尊一次沉重的打擊。然而另一方面，若你真的想實現目標，負面回饋又是必不可少的資訊。如果成功的唯一方法是改變，那麼，你得先明白自己的狀況有多糟，不然你永遠不會改變。

我和許多非常在意身材的人一樣，每次一踏上體重計，就會感到一絲焦慮。過去，我對付這種焦慮的方法就是不去量體重，尤其在我特別放縱口腹之欲的那些日子。我越是對誘惑讓步，就越是與體重計保持距離。當然，踏上體重計並不會讓體重增加，但如果我不知道自己有多重，就可以輕鬆糊弄自己。（聽上去很熟悉嗎？也許你把「體重」換成「膽固醇」或者「信用卡債務」，你馬上就能明白我在說什麼了。）

現在的我每天都量體重，一發現自己重了，就會吃得健康或節制一些，再做些運動（是的，運動）。我不想讓體重過度失控，那樣的話，我又得更換衣服的尺寸了。執行強制性的每週體重檢查，並且每天記錄詳盡的飲食報告——這些就是瘦身中心的精明妙招——儘管在某種程度上很耗時，但能讓你持續了解自己在減肥的道路上表現如何，讓你知道自己離目標還有多遠。這類減肥計畫，實際上就是「自我監控」的課程。

需要的太少，不需要的太多

在實現目標的過程中，一般人經常會犯的錯大致可分為兩類。第一類是心理學家所說的「監控不足」（underregulation）[1]，也就是為了成功必須去做的那些事情做得不夠好、不夠多。到目前為止，我在本章所提到的問題，不論是錯失機會還是缺乏「自我監控」，都屬於這類錯誤。缺乏自制力，無法抵擋誘惑並控制衝動，是另一種監控不足的表現。我接下來將針對這種情況分享許多策略，因為監控不足顯然是實現目標的道路上最常見的絆腳石。

第二類錯誤稱為「監控不當」，也就是選擇了無效的策略去實現目標。雖然你盡了自己最大的努力，拼盡全力，但因為走錯了路，成功依然離你遠遠的。也許做到細緻準確對你來說非常重要，但你心一急就做得太快了，忽略了細節。也許你努力抵抗誘惑，壓抑著不讓自己去想食物，卻起了反作用（順帶一提，「思考抑制」只會造成反效果）。也許你想得太多，結果讓平時做得十分自然順手的事情因壓力而出現失誤。

說到「監控不當」，我很難提出好建議，因為對某種目標有效的策略，未必適合其他目標。我在這能給你的最好建議也許是「自我監控」，對自己的表現進行評估，及時發現是否需要改變策略，以便有足夠的時間做出改變。

太多時候，人們把失敗歸咎於錯誤的原因。我希望你讀完本章後，能重新思考過去一些令自己失望的事。那時的你以為自己缺乏能力，實際上你只是採用了錯誤的策略；抑或你以為沒有時間去完成某個目標，其實你只是讓機會從指縫溜走了；抑或你沒有得到良好的回饋，使自己充滿激情，保持在正軌上。現在，我已經告訴你，真正的問題出在什麼地方，就看你如何行動了。

要點回顧

■ **關鍵在於執行。**

大多數時候，我們知道實現目標需要做些什麼，但就是無法付諸行動。把目光盯在執行上，是成功不可或缺的要素。

■ **把握機會。**

我們每天都過得忙忙碌碌，追求很多目標，時常錯過或忽略了行動的機會。實現目標，意味著你必須在機會溜走之前抓住它。

■ **知道要做什麼。**

一旦抓住機會，你得清楚知道要做些什麼。如果不能迅速行動，便有可能浪費機會。

■ **豎起盾牌。**

干擾、誘惑，甚至相互衝突的目標，都會偷偷吸走你的注意力和精力，削弱你的動力。你需要適時「防衛」自己的目標。

■ **知道自己做得好不好。**

實現目標需要經常「自我監控」，檢查進度。如果不知道自己做得如何，便無法相應地調整行動或策略。

第九章　制定計畫

要是沒能做好準備，你就要準備好失敗。

——班傑明・富蘭克林（Benjamin Franklin）

人們通常認為提早做計畫是一件好事。在網路上搜尋「關於計畫的名言」，會出現一大堆政治家、作家、商界領袖和開國偉人說過的格言。管理顧問大衛・艾倫（David Allen）編寫的《搞定！》（*Getting Things Done*）一書廣受好評，他在書中提到的其中一條核心內容是：「約束自己，在『投入』任何事情時提前做出決策，以便對『下一步的行動』總是有所準備。」事實上，幾乎沒有成功人士會建議大家在通往成功的路上「即興發揮」。

研究人們動機的一些科學證據顯示，提前做計畫的這種觀點完全正確。要想戰勝那些破壞目標、阻擾成功的因素，最有效的策略便是提前做好計畫。若你只能記住一個重點，我希望你記住：制定計畫，方能實現目標。

然而有些計畫的效果並不如預期，正因為如此，計畫才會不時成為人們調侃的對象。導演伍迪・艾倫（Woody Allen）就有一句名言：「如果你想讓上帝發笑，就把你的各種計畫告訴他。」還有約翰・藍儂（John Lennon）的經典名句：「生活總是意想不到地發生在你忙著計畫生活的時候。」有些計畫無法實現是有原因的，我可以舉個例子來說明這一點。一個人若想減肥，也許會制定下列這樣的計畫：第一步，少吃；第二步，多運動。

它至少看起來像個計畫，甚至還有步驟，不是嗎？嚴格說起來，我認為這確實是個計畫，只不過是個糟糕的計畫。研究顯示，這種計畫基本上毫無意義，因為它對於目標沒有任何說明。很多人以為這就算是有計畫了，但這只是對行動的概述，省略了其他重要的細節，例如什麼時候運動？在哪運動？怎麼運動？到底要少吃什麼？又要少吃多少？

和目標一樣，並不是所有計畫都「生而平等」。有效的計畫應該清晰闡述該做些什麼、在何時何地做以及該怎麼做。在這一章，我會告訴你如何簡單有效地制定計畫，並且分享相關的研究結果。

聖誕節的文章

一九九七年的某一天，我參加了美國心理學協會在華盛頓特區舉辦的年度會議。當時我還是研究生，坐在講壇上的心理學家對我來說就像搖滾巨星。會議的主題是「動機」，上台的其中一位演講者是來自德國康斯坦茨大學的著名社會心理學家彼得・戈爾維策。當時的我尚未確定自己將來要專攻的領域，說來一點也不誇張，彼得那天的演講改變了我的人生。

他描述了他和康斯坦茨的學生在校園進行的一項實驗。在聖誕假期的前夕，他們在路上隨機攔下一些正趕著去期末考的學生，邀請他們參與一項調查，主題是現代人如何度假。戈爾維策請同意參與的學生在放假時寫一篇關於如何過聖誕假期的文章，而且必須在聖誕節過後兩天內寫完並寄出。研究人員指示其中一半的學生要當場決定什麼時候、什麼地點寫這篇文章，並當場寫下這些承諾交給研究人員，再去參加期末考試。

聖誕節過後，學生們紛紛寄來文章。戈爾維策發現，在沒有承諾時間地點的學生中，有32％的人交了作文；在做出承諾的學生中，有71％的人交了作文，是前者的兩倍。聽到這個結果，我當時驚訝得下巴都快掉到地上。這是我聽過最簡單的干預行為實驗，卻使目標完成比例翻了一倍。人類行為研究是一項十分複雜又麻煩的工程，所以坦白講，當干預實驗對人類行為產生了任何影響，哪怕只是微小的影響，都能讓心理學家萬分興奮。與我所知的多數實驗相比，上述實驗中的計畫對人們產生的影響更大，而且可以輕易效仿。從那一刻起，我便下定決心要以「目標與動機」為研究方向。

「如果……那就……」，計畫的力量

這些計畫好就好在很簡單。找一個你想實現的目標，清楚說出你要在什麼時間、什麼地點和用什麼方式來實現它。就拿我之前提到的減肥為例，第一步，把「少吃」改為「每天吃的東西總熱量不超過一千五百大卡」；第二步，「多運動」應該改成「每週一、三、五上班前去健身房運動一小時」。戈爾維策認為這類計畫是為了形成「執行意圖」（implementation intentions），聽上去有點拗口，但其實就是一種「如果……那就」的計畫方式。如果我已經吃了一千五百大卡的食物，那就不能再吃了；如果今天是星期一，那就要在早晨上班前先去運動。

在第一次聽到聖誕節文章這個案例的幾年後，我有幸與彼得和他的妻子一同工作。他的妻子是紐約大學博士後研究員加布里艾兒・歐廷珍。參與研究的還有賓夕法尼亞大學的安琪拉・達克沃斯（Angela Duckworth）。我們想對「執行意圖」進行測試，用在一群缺乏紀律和自制力的人身上。這些人不是別人，正是在放暑假的高一學生。這些學生即將在新學期面對PSAT[①]的考驗，所以幾乎每個人的目標都是趁著暑假為測驗做準備。五月時，我們發給每個學生一本模擬考題，並告訴他們會在九月開學時將考題收回。然後我們讓其中一半的學生確定自己會在什麼時間和地點做題目，比如「週一到週五的早餐後，在我的房間裡」。在暑假期間，不會有任何人提醒學生要做這些題目，那些寫下時間地點的人也把寫著

①編註：PSAT為美國國家優秀學生獎學金的資格考試。

計畫的紙條交給了我們。

到了九月，當我們把模擬題收回來時，發現沒有列出計畫的學生平均完成了一百道習題，而列出計畫的學生平均完成了兩百五十道題目。儘管實驗持續了一整個暑假，結果仍出現了績效倍增的現象，而我們不過佔用了這些學生一點點的時間來寫下計畫。

這還不是全部……

這樣的計畫對於我們的健康也有巨大的影響價值。雖然我們不願承認，但健康生活往往意味著我們得去做一些不這麼愉快的事（比如進行疾病篩檢），或放棄我們想要的東西（比如甜甜圈或香菸）。若想實現我們的健康目標，通常需要依賴許多資源與幫助。正好，你可以將「如果……那就」的計畫看成是醫生開的處方籤。

某項實驗從英國北部招募了兩百多位參與者，參與為期一個月的減肥計畫。其中一半的人遵照實驗人員的指令，制定了「如果……那就」計畫，寫下自己如何少吃一點脂肪，並且在什麼情況下執行。結果只有制定計畫的人成功降低了脂肪的總體攝取量，沒有制定計畫的人反而還比平常多吃了一些脂肪。[1]另一個類似的實驗利用「如果……那就」計畫幫助人們戒菸。在為期兩個月的過程中，制定計畫的人不但菸抽得少了，其中12%的人還徹底戒了菸；相比之下，在沒有制定計畫的人之中，只有2%的人戒了菸。[2]

還有一項關於乳房自我檢查的研究。多數女性都知道這項自我檢查十分重要，也知道應該要經常做，但實際做到的人寥寥無幾。研究人員發現，在他們的要求下，承諾時間與地點的參與者，在第二個月全都進行了自我檢查，而沒有制定計畫的參與者只有53%做了檢查（即使這兩組參與者表達了同樣強烈的願望）。類似的結果還有字宮頸癌的篩檢（制定計畫的參與者有92%做了檢查，沒有制定計畫的人僅有39%做了檢查）。此外，以堅持運動為目標的實驗中，制定計畫和沒有制定計畫的兩組參與者，堅持運動的比例分別為91%和39%。

戈爾維策和同事巴斯卡・希蘭（Paschal Sheeran）最近蒐集了九十四名學生使

用「如果……那就」計畫的結果，發現這種方法不論用在什麼樣的目標上，都能顯著提高成功率。這些學生更常搭乘公共運輸、購買綠色食品、幫助他人、小心駕駛、不喝酒、戒菸並且維持下去、回收舊物並再利用、執行「新年目標」、做數學題等。只要是你能想到的目標，這個簡單的計畫都能助你一臂之力。

在最不可思議的情況下，「如果……那就」的計畫也能奏效。在某項實驗中，研究人員要求一群正在接受海洛因戒毒治療的患者（處於痛苦的戒斷階段）於當天下午五點前交一份簡歷，讓輔導員幫助他們在出院後找工作。其中一半的戒毒者在早上接到指令後，被要求立刻確定什麼時候要在哪裡寫這份簡歷。到了下午五點，沒有制定計畫的戒毒者完全不記得這件事，沒有任何一個人交簡歷；相反地，制定計畫的戒毒者有80%的人交出了簡歷。另外兩個研究對象是精神分裂症患者及前額葉受損患者。大量證據顯示，這兩種人對於執行並完成任務有很大的困難。即便如此，他們在同樣的實驗中也顯示出同樣的結果。如果大腦功能受損的人都能藉由制定計畫來完成任務，你覺得你可以做到什麼程度呢？

這樣看來，不管目標是什麼，或著是誰的目標，似乎都不那麼重要了。想要實現目標所需的時間、地點、方式，以及一個好計畫，才是提高成功率的最有效方法。但是，為什麼呢？為什麼如此簡單的方法，卻擁有如此強大的力量？

為什麼簡單的計畫能奏效？

我在上一章說過，失敗最常見的原因是錯失行動機會。有可能是因為我們全神貫注於其他目標；也有可能只是因為我們受到干擾，以至於完全忘記或忽視了行動機會；還有可能是因為我們害怕困難，或是覺得太枯燥，而不願採取行動。不論原因是什麼，我們總是一而再，再而三地讓實現目標的機會溜走。如果真想成功，你需要學會抓準時機。剛好，「如果……那就」的計畫就是專門為此而設計的。

當你決定了行動的時間和地點，你的大腦就會發生神奇的反應。制定計畫的這個舉動，會在情境（如果）與既定行為（那就）之間搭起一座橋。比如你的媽媽老抱怨你很久不跟她聯絡，於是你給自己制定一個計畫，打算每週打一次電話給她。可是過了一段時間後，你發現儘管自己是真心想打電話，但你還是會忘記，導致媽媽越來越不高興。這時，你可以制定一個「如果……那就」計畫：如果現在是週日晚餐後，那就打個電話給媽媽。從此刻開始，「週日晚餐後」這個情境就與「打電話給媽媽」這個行為直接聯繫上了。

計畫帶來的第二個效應，是讓你的大腦啟動情境暗示。這就好比老師問學生，有誰知道佛蒙特州的首府在哪，某個學生立刻從座位上跳起來，瘋狂地揮手嚷嚷：「我知道！我知道！我來回答！」當暗示在你的腦海中活躍起來，你便不可能不注意到它。你的大腦會開始掃描周遭的一切，搜索任何與「如果」條件相關的情境；就算你正在忙著做其他事情，你的潛意識還是會繼續搜索，並且覺察相符的搜尋結果。

計畫帶來的第三個效應，也是讓目標在我們腦中得以鞏固的關鍵——一旦「情境」（如果）發生了，「行為」（那就）便會下意識地自動啟動。換句話說，你在制定計畫時安排了一切，大腦已經知道要做什麼了，它接下來的任務就是不假思索地執行。每到星期天，當你吃過晚飯、洗完碗後，你的潛意識會把你引導到電話前，於是你開始撥號，因為你已經把「週日晚餐後打電話給媽媽」的計畫告訴大腦了。

說到潛意識的行為，我們通常會想到自己的一些習慣（比如咬手指甲、洗澡時唱歌），或者訓練而來的技能（比如彈鋼琴、打撞球）。戈爾維策把「如果……那就」計畫視為「速成習慣」的養成，代表制定計畫是在刻意建立「自動化程式」。[3]不過和我們的習慣不同，這類「速成習慣」能幫助人們達成目標，而不是成為實現目標的障礙。

「如果……那就」計畫的另一個好處，在於節省我們寶貴的動力資源，即我們的自制力。不管什麼時候，只要潛意識開始察覺環境中的暗示，並開始引導行為，我們就不需要費這麼多力氣或意志力。計畫幫我們省下了自制力，以備不時之需。研究顯示，制定「如果……那就」計畫的人，即使在面對不可預知的障礙時，也能表現得格外頑強。他們會一再嘗試，直到完成任務為止。我們也可以這麼說，因為他們存下了更多的自制力，遇到障礙時就派上用場了。[4]

「如果……那就」計畫不只幫助我們把握機會，還能有效壓制我們不希望發生的行為（比如向誘惑投降），抵禦具有破壞性的想法和感受，確保我們不會偏離軌道，筆直地朝目標前進。在一項克服飲食衝動的研究中，研究人員讓正在減肥的女性說出她們最喜歡的高熱量零食，然後給她們樹立了一個目標：在一週內要將吃這種零食的分量減半。研究人員要求一半的參與者制定計畫：「當我想到這種零食的時候，我也不會吃它！」並且把這句話對自己說三遍。一週後，另外一半沒有制定計畫的參與者儘管也少吃了一些零食，但沒能成功減半；制定計畫的參與者不但成功達到了目標，而且平均成效高出了一倍。[5]

在另一項研究中，研究人員讓比賽的網球選手制定計畫來應對焦慮情緒（例如讓他們想著「如果我感到焦慮，就要放輕鬆，把比賽當成練習」或者「如果我感到緊張，就要深呼吸」），以確保在下一場比賽中穩定發揮。根據參加實驗選手的教練及隊友評估，制定計畫的選手在後來的比賽中，其狀態明顯比沒有制定計畫的選手好得多。

至於把握機會和保護目標，最簡單有效的方法當然也是制定「如果……那就」計畫。我常常想做一些「為什麼要制定計畫以及如何制定計畫」的小冊子，夾在市面上所有減肥和勵志書的內頁裡。我還要把它們放在醫院候診室和學校辦公室，甚至想寄幾本給美國國會議員。總之，無論你想實現減肥還是其他提升自我的目標，或是任何具有挑戰性的目標，只要從制定一個簡單的計畫開始，邁出第一步，成功的機率將大幅提高。

要點回顧

■ **制定計畫。**

在實現目標的過程中，很多問題都可以用簡單的「如果……那就」計畫來解決。不論是想要把握時機、抵抗誘惑、應付焦慮與自我懷疑，還是需要堅持不懈的毅力，制定一個實際的計畫能助你完成任務。

■ **確定具體行動。**

要實現目標，首先要列出具體的步驟，避免模糊不清的內容，如「少吃點」、「多學點」。制定計畫最好清晰準確，例如「每晚至少複習作業四小時」，這樣一來自己該做什麼以及有沒有做到便一目了然。

■ **決定時間和地點。**

下一步是確定完成每個步驟的時間和地點，儘可能具體。這麼做可以幫助你的大腦察覺並且把握行動的時機，即使你的意識無暇顧及，你的潛意識也會持續搜尋，不放過任何機會。

■ **制定「如果……那就」計畫。**

把上述幾個步驟歸納成一句「如果……那就」的陳述，例如「如果是工作日的晚上，那就待在房間裡複習作業至少四小時」。假如你願意，可以把這些話寫在筆記本裡，或者重複說給自己聽，讓潛意識消化它。

■ **瞄準障礙。**

想想實現目標的途中有可能出現的障礙與誘惑，你該怎樣應對？為你想到的每一個障礙和誘惑制定一條「如果……那就」計畫，例如「如果平日晚上朋友叫我出去玩，那就拒絕並告訴他們週末見」。這可以讓你提早制定出最佳計畫，不論遇到何種情況，都能幫助你不偏離軌道。

第十章　增強自制力

回首二〇〇三年，我過得很不好。那年我三十歲，和第一任丈夫分居，生活在持續的恐慌之中，擔心博士後資助基金即將花光，而自己的工作卻沒有著落。我沒能適應婚姻的結束，對未來的工作充滿不確定。我想吃什麼就吃什麼，徹底放棄了運動，讓自己體重飆升了好幾公斤。我幾乎每個晚上都和朋友去酒吧買醉，常常一覺睡到中午。我的公寓一團亂，工作也深受影響。我總是衝動花錢，以為穿著新衣服到高級餐廳吃飯可以給我帶來慰藉，實際上只是讓儲蓄日益縮水。那是我人生的最低谷，我活得很悲慘。

跌到谷底後，我開始慢慢往上爬。神奇的是，一切的改變都從我帶了一隻十週大的小狗回家那天開始。露西是一隻迷你雪納瑞犬。熟悉這種狗或者任何類型獵犬的朋友都知道，這小傢伙很難伺候。假如伍迪・艾倫曾說過：「如果你想讓上帝發笑，請告訴他你想訓練一隻雪納瑞。」那他說的一點也沒錯。我必須投入很多時間和精力來照顧露西，定時帶牠散步、出門大小便，給牠梳毛，陪牠玩耍，還要時刻警惕別讓牠趁我不在家時破壞我心愛的物品。我住在紐約市的公寓，必須一天帶牠出門「方便」好幾次，所以養了小狗之後，我一天的生活通常從早晨五點就開始了，這對習慣睡到中午的我來說是個大改變。

無論如何，為了照顧這隻小狗，我不得不鍛鍊我的自制力，這需要付出努力和極大的耐心。最初幾週尤其困難，因為我不習慣長時間投入去做某件事情。不過日子久了，我也漸漸習慣了新的作息，早晨五點起床不再那麼困難，生活其他方面也開始好轉。我不再經常出去混，吃得也比較健康，甚至重新踏入健身房。我的公寓看上去整潔多了，髒衣服堆越來越小，銀行帳單似乎也沒那麼可怕了。我的工作有了起色，我又開始發表論文並且在研討會上演講。我透過了理海大學的面試，獲得教授職位。三十一歲生日過完不久，我遇到了我現在的丈夫（好吧，這點我不能歸功於自己，只能說我眼光還不錯）。

說了這些，是因為我覺得自己那一整年的經歷說明了自制力的特性。我在本書開頭提過，自制力如同你身上的肌肉，不鍛鍊就會萎縮。當我三十歲離婚時，我幾乎放棄了我的自制力，於是它開始萎縮。當我需要自制力幫助我照顧新來的小狗時，那感覺與一年後重返健身房十分相似：氣喘吁吁，累得要命。接下來，當我堅守新的作息，每天鍛鍊自制力，它也開始變得強大起來。擁有這種新的力量後，我發現自己有能力著手解決其他方面的挑戰，把生活拉回到正軌。

我得正式聲明，我並不是建議你在遇到挫折時去養隻小狗。增強自制力的辦法有很多，我會跟你分享一些經過心理學家驗證的方法。請記住，自制力就像你的肱二頭肌和肱三頭肌，經過一番鍛鍊後也會疲勞，而且在那種時刻尤為脆弱，所以你也需要學習如何恢復自制力。萬一你的自制力全部耗光，再也經不起任何折騰，並且急需復原，你可以從本章學習一些別的策略來「補充彈藥」，這會使你受益無窮。

啟動自制力

不論你想要實現什麼目標，自制力都極為重要。它甚至比智力測驗更能夠準確預測一個人的在校成績、出勤率乃至標準化測驗①的結果。[1]我們一直都在依賴我們的自制力，只是我們不知道。大多數人一聽到「自制力」這個詞，馬上想到抵抗誘惑或延遲享受。其實，當我們想給別人留下好印象時，甚至當我們做出每一個選擇，都需要自制力的幫助。[2]（你是否在購物一整天後感到筋疲力盡？因為購物就是在不同物品之間做選擇。）我有個好消息告訴你：每個人都能提高自制力，並且透過各種方式來達到這個目標。

你愛吃甜食嗎？試著戒掉糖果，即使你不在乎是否需要減肥或預防蛀牙。你討厭鍛鍊身體嗎？不妨把健身房裡肌肉男訓練臂力的機器買一個回家，即便你的目標是及時支付帳單，跟鍛鍊身體毫不相干。在某個實驗中，心理學家馬克・穆拉文（Mark Muraven）讓參與實驗的成年人堅持兩週訓練臂力或者不吃甜食。他要求「不吃甜食」的參與者儘量少吃或不吃蛋糕、餅乾、糖果和其他甜點，要求「訓練臂力」的參與者必須把健身器材搬回家，每天運動兩次，持續時間越長越好。這兩項任務都需要自制力來抵抗誘惑和克服體能極限，都能鍛鍊自制力。結果，兩週後，穆拉文讓所有參與者執行一項需要全神貫注操作電腦的任務，來測試他們的自制力；雖然這項任務與甜食和臂力無關，但執行起來也需要很強的自制力。[3]實驗結果表明，兩組參與者的自制力表現都有進步。因為他們定期強迫自己使用自制力，從而大幅提高了自制力的強度。

在另一項更引人注目的自制力訓練實驗中，參與者不僅免費成為健身房會員，並獲得「量身定制」的健身課程，例如有氧健身操、舉重和耐力訓練。鍛鍊兩個月後，這些參與者不只是在一系列與自制力相關的測試中表現更好，在生活中各方面也有所進步，菸抽得少了，酒喝得少了，垃圾食物也吃得少了。他們還說自己更容易控制情緒，衝動花錢的情況變少了。他們不再讓骯髒的碗筷堆積成山，不再把今天能做的事拖到明天，約會時更少遲到，學習習慣也有所進步。[4]生活中所有需要自制力的項目，都出現了戲劇性的改善。看來運動時鍛鍊的不光是你的肌肉，還有你的自制力。

正如我在本書前言中所說的，學術界用各式各樣的方法來研究如何訓練自制力，比如不准人們說髒話，或是用非慣用手開門和刷牙，甚至每次提醒自己不要

①編註：標準化測驗指按照科學方法編製的測驗，是由測驗專家根據測驗的編製標準化程序編成，其中題目的選擇均經過分析，計分和解釋也都有一定的程序。

駝背也能鍛鍊自制力。這些方法有一個共同點——抵抗那些驅使你放棄或屈服的衝動。找一件與你目前的生活和目標相符的事情來做，不論是什麼，只要這件事需要你一次次打敗那些衝動或欲望就行。接著制定計畫（參見第八章），將這件事融入你的日常生活，天天做。剛開始可能有些困難，尤其當你的自制力缺乏鍛鍊。但我可以自信地向你保證，只要堅持下去，這件事很快就會變得輕鬆許多。因為你的自制力會提高、增強，如此一來，你會發現生活各方面都會逐漸改善。

恢復自制力

不要說我們自己了，就連阿諾・史瓦辛格的肌肉也會感到疲勞。我並不是說他如今已是一位步入中年的州長，不再是當年的動作片英雄，我的意思是，即使在他當年的全盛時期，也有力不從心的時候。不管一塊肌肉有多大，激烈使用後都需要休息，才能恢復原有的力量。同樣道理，不論你的自制力有多強，還是會有精疲力竭的時候。此時你需要讓它休息、恢復，而不是繼續榨乾它。這個時候最好完全停止任何與自制力有關的活動，讓自制力得到充分休息。然而現實生活總是與理想狀態相去甚遠，我們無法預知何時需要啟動自制力，讓我們不至於偏離常軌。

如何加速恢復自制力？如何在自制力存量拉警報時趕緊補充呢？當你無法停下來休息時，還有其他方法能幫助你恢復自制力，其中之一就是先前提到的「目標感染」。正如我們看到別人追求目標時會被感染，事實證明，光是想著我們認識的那些擁有極強自制力的人，我們的自制力也會受到「感染」。例如一個人正在舉槓鈴，此時如果想著一位自制力很強的朋友和一位自制力較弱的朋友，前者能讓他堅持舉更久。研究發現，當人們親眼看到別人成功運用自制力來抵抗誘惑，比如看到別人盯著剛出爐的巧克力餅乾不吃，反而吃了胡蘿蔔[5]，在旁邊看著的那個人自制力也跟著提高了。所以，下次當你需要稍稍提升自制力時，想一想那些特別能抵抗誘惑的人。或者不妨多和成功的人交朋友，因為這樣幾乎可以讓你自動「感染」他們的超強自制力。

不過使用這種方法時要小心，因為在某些特定場合可能會起反作用。是否曾有人在你努力工作時對你說：「光看著你都覺得累。」他們也許不是在開玩笑。看著別人運用自制力，可能會刺激你的自制力突飛猛進，但也有可能耗空你的自制力源頭。這完全取決於你「看」的方法。當我們只是簡單地看著他人抵抗誘惑、追求目標時，自制力是會感染的。但是當你的大腦對他們的想法、感受和行動進行模擬時，這種感同身受會榨幹你的自制力，好像你也經歷了一次抵抗誘惑的過程。

在一項實驗中，研究人員讓參與者閱讀一篇關於餐館服務生的文章。文章的主角空腹工作，飢餓難耐，卻因為擔心被解雇而不敢在工作時吃點東西。故事詳盡地描述了他端給客人的各種美食，以及他如何辛苦地克制自己不偷吃。研究人員要求一半的參與者仔細體會服務生的想法和感受，另一半的參與者則只要讀文章就好。接著，研究人員給所有參與者進行自制力測試，要求每個人為十二件中高價位的物品估價，這些物品包括轎車、名錶等（當自制力低落時，我們往往不太在乎自己皮價裡有多少錢）。研究人員發現，被要求體會主角想法和感受的閱讀者給每件產品的估價，比普通閱讀者平均高出六千美元。情感共鳴固然是生活中可貴的特質，能帶給你諸多收穫，但也意味著自制力的消耗。所以，當你必須實現特別艱難的目標時，最好與他人保持心理距離。[6]

除了運用感染策略，你還可以放鬆自我來補充自制力。不是叫你小酌一杯，而是要你讓自己擁有好心情（再次強調，喝酒能改善心情，但酒精絕對沒法增強自制力）。獲得好心情的方法有很多種，收到禮物尤其奏效。

在一項研究中，參與者耗盡了自制力後，其中一部分人收到了研究人員送來表示感謝的小禮物，是一盒綁著緞帶的糖果。接著，研究人員再次讓他們接受自制力測試，讓他們喝一種難喝的飲料，喝越多越好。收到禮物的人喝下的飲料，是沒有收到禮物的人的兩倍。前者喝下的飲料，甚至和另一組沒有消耗自制力的對照組一樣多。換句話說，禮物帶來的好心情能迅速恢復我們的自制力。在另一個看搞笑影片來改善心情的實驗中，我們也得到了同樣的效果。思考或寫下對你來說重要的觀念，以及該觀念為什麼重要，這麼做也能改善心情，提升自制力。其實，任何讓你感到振奮的事情，都能快速恢復你的自制力。[7]

我還要介紹另一種恢復自制力的方法，在你聽來也許會覺得有些奇怪。根據生理學的最新發現，自制力的恢復情況與我們的生理條件也有關。事實證明，自制力至少有一部分是透過血糖來產生作用。[8]沒錯，你的自制力多寡受到血液中的糖分含量影響。多項研究顯示，當人們執行消耗自制力的任務後，血糖會明顯降低。這些任務包括壓抑想法、控制注意力、幫助他人、思考關於死亡的念頭、抑制帶有偏見的反應等。需要注意的是，並非所有困難的活動都會降低血糖，而是需要自制力的行為會降低血糖。

很奇妙，透過飲食來攝取糖分，實際上能恢復人體自我調節的能力（包括自制力），至少能幫助我們在短時間內恢復。血液裡的糖分以平均每分鐘三十大卡的速率被吸收，十分鐘後便會傳送到大腦。[9]這種方法需要一點點時間才能奏效，但研究結果顯示，它與目標感染和放鬆心情同樣有效。

心理學家發現，當人們的自制力消耗一空後，喝一杯柳橙汁（非代糖飲料）就能恢復自制力，使他們在需要耐心和精確度的任務中表現出與自制力耗盡前同樣的水準。在另一項研究中，研究人員給剛剛考完（很難的）考試的學生喝了飲料，一部分人喝含糖的飲料，另一部分人喝的是代糖飲料（無糖）。那些喝了含糖飲料的學生在後來的慈善捐款活動上，比喝了代糖飲料的學生捐了更多的錢，在同學遇到困難時也願意提供更多的幫助。（儘管我們寧願相信這是同學們自然而然的舉動，但慷慨解囊的確也需要很強的自制力來對抗私心。）

所以，當你需要稍稍提高自制力時，可以考慮提高你的血糖含量。記住，攝入蛋白質與複合碳水化合物，可以讓體內的血糖更長時間維持在穩定狀態。糖水或糖果固然能瞬間刺激血糖增加，但也會很快就被消耗殆盡。此外，如果增強自制力的代價是增加罹患糖尿病的風險、造成不健康的肥胖，或是造成蛀牙，這麼做便得不償失了。

當自制力消耗一空

經歷了冗長、忙碌、難熬的一天，你徹底精疲力竭了。如果你的自制力存量消耗到一滴不剩，那麼我前面所說的方法都無法幫助你抵抗誘惑。飲食破戒，過量飲酒，一到了晚上就按捺不住菸癮（早起時卻不會），這些都是有原因的。戒毒者用縮寫字母HALT（該單字意思為「停止」）來告誡自己時刻小心這些陷阱，它是飢餓（hungry）、氣憤（angry）、孤獨（lonely）、疲憊（tired）這幾個字的縮寫。這四種情形對於自制力都有很強的破壞力，讓人們變得非常脆弱。這時我們就需要起身捍衛目標，以實際行動來抵禦負面影響。

幸運的是，當你發現自己開始缺乏自制力時，還能運用一些策略來控制自己對自制力的需求。首先請記住，根據物理定律，動者恆動，直到外力迫使它改變。其實人類的行為也一樣，行動也有慣性，一旦你養成某個習慣，想要終止它就需要自制力。行為持續的時間越長，就越難停止。例如，假使你要禁慾，就得在第一個吻之後停住，不能等到熱血沸騰、難以控制時再做打算。放棄整包洋芋片，比命令自己只能吃一、兩片要容易得多。在開始之前停止，是降低消耗自制力的絕佳方式。[10]

其次，運用「為什麼」的思考方式（著眼於長期計畫、價值觀和理想）和「自我監控」（對理想狀態和現實情況進行評估），也是抵抗誘惑的極佳策略。只要我時常想著自己穿上牛仔褲好不好看，或是在拿起刀叉前先秤一下體重，就能更容易抗拒餡餅的誘惑。

再次提醒，無論你在做什麼，不要同時追求兩個需要強大自制力的目標。至少在你還有選擇的時候避免這種狀況，因為這麼做只會給你找麻煩。你必須接受一個事實：不論你再厲害，你的自制力都是有限的。例如在戒菸的同時想避免體重增加（戒菸的副作用），甚至企圖減肥的人，通常兩項目標都會失敗。一次做好一件事，效果絕對更好。

還有最後一種方法來應付自制力耗盡的情況，就是對自己好一點。研究顯示，經過精挑細選、具有特定吸引力的獎勵可以提升動力，藉此來補償自制力。金錢就是獎勵手段，但不是唯一的手段。當人們相信自己能從行動中學到新東西，或者對社會有所貢獻，這種信念的力量不亞於任何物質獎勵。[11]

最後的警告：別挑戰命運

讀完這一章後，我希望你能適時運用這些方法，鍛鍊自制力，提升自制力，以及彌補消耗一空的自制力。總之，我對你有信心。

然而過度自信也是有風險的。有些錯誤只要多注意就能及時避免，但過度自信的人往往容易忽視這些錯誤。最近的研究顯示，大部分人對自己控制衝動的能力都過於自信，換句話說，他們的自制力並沒有想像中強大。自我認知越是膨脹，必須抵抗的誘惑就越多。我們以為自己不會受到影響，因此不會刻意回避誘惑。當我們不再感到疲憊、飢餓和消沉時，總是忘了那些情景，忘了曾經的脆弱。我們高估了自己的控制能力，把自己硬生生地推向危險的境地。

在一項關於戒菸的實驗中，研究人員詢問已經戒菸三週、脫離戒斷期的參與者，問他們是否有自信抗拒想要抽菸的衝動，同時詢問他們是否會主動避免誘惑，比如遠離酒吧等場所，或儘量少跟抽菸的朋友在一起。結果顯示，對自己的自制力越是自信的人，越不會主動避開誘惑。幾個月後，主動避開誘惑的人重新開始抽菸的比率較少，而不避開誘惑的人則更有可能重拾抽菸的壞習慣。[12]

如果你能盡一切努力去鍛鍊自制力，同時尊重它的局限性，你便離成功更近一步。了解自制力何時會背叛你，儘可能多為脆弱的環節提前做計畫（參見上一章），代表你已經準備好迎接日常生活中的各種挑戰。

要點回顧

■ **不練則廢。**

自制力和身體肌肉一樣，得不到鍛鍊就會逐漸萎縮。適時地運用它，使它得到鍛鍊，它就會變得越來越強大，幫助你成功實現目標。

■ **啟動自制力。**

為了鍛鍊自制力，可以做一些平常不會接受的挑戰，比如不吃高熱量的零食、每天做一百個仰臥起坐、隨時抬頭挺胸不駝背，或是學習一項新技能。當你發現自己想要讓步、放棄或不再費力堅持的時候，鼓勵自己，別放棄。你可以事先擬定計畫，幫助你撐過必須面對的誘惑，例如「如果我想吃零食，那就吃一片新鮮水果或三片水果乾」。剛開始會有些難度，但慢慢就會變得容易了。隨著自制力變強，你就能接受更多挑戰，並且更進一步加強鍛鍊你的自制力。

■ **適當休息。**

肌肉會疲勞，自制力也會。剛剛用完大量自制力之後，面對誘惑、干擾和其他陷阱時尤為脆弱，也格外容易誤入歧途。可以的話，在自制力恢復之前，別對自己要求太多。

■ **感染他人的自制力**。

當你需要給自制力提提神時，試著採用目標感染的方法。觀察或想像別人發揮自制力的情景，能使你的自制力受到感染。但要注意別太投入，若你設身處地去體會他人過度消耗自制力的情形，到頭來也會消耗你的自制力。好心情也能提升自制力，給自己找些能放鬆神經的東西（酒精除外）來補充自制力吧！

■ **吃點甜的東西**。

自制力的存量有一部分取決於你血液中糖分的含量。長期維持血糖穩定的最好方法是攝取蛋白質和複合碳水化合物。若是臨時需要快速有效的方法，可以吃一塊點心或喝杯含糖飲料。被身體吸收的糖分大約需要十分鐘才能抵達大腦，請耐心等待。記住，這種糖分是單一碳水化合物，很快就會被消耗一空，別指望它的效力能持續多久。

■ **在開始之前停止**。

當自制力的存量告急時，學著運用策略來降低對自制力的需求。請記住，徹底不去做一件事情，絕對比開始做了之後再停止更容易（徹底不碰洋芋片比只吃兩片要容易得多），也不需要那麼強的自制力。你也可以運用「為什麼」的思維模式，加強「自我監控」（確認自己沒有偏離目標），給自己一些獎賞或報酬，這些方法都能激發動力，幫助你獲得成功。

■ **別去挑戰命運。**

無論你的自制力變得多麼強大，永遠要尊重它的局限性。自制力總有耗盡的時候。在你所能控制的範圍內，不要同時接受兩個挑戰（比如同時戒菸和減肥），也不要將自己置身於充滿誘惑的環境。很多人對自己的自制力過於自信，不懂得避開誘惑。為什麼要給自己增添不必要的麻煩呢？

第十一章 切合實際的樂觀

如果說每一本勵志書中都能提出一個共通的大道理，那應該就是：在努力實現目標的同時保持自信和樂觀，這一點真的非常、非常重要！這些書的作者恨不得對著你的臉大喊「相信自己」、「想像自己成功的樣子」或「保持積極」之類的激勵標語。我並不是說他們錯了，真的。

對於某些目標而言，相信自己能成功，的確會帶來莫大的動力。但請注意，我說的只是「某些」目標。你現在知道了，目標分成很多種，而樂觀主義只是醫生為某些目標開的處方籤而已，對其他目標並不奏效。在這一章，我會具體講解樂觀主義適用於什麼情況，在什麼情況下又是糟糕的策略。我會告訴你何時該抱有積極的心態，何時該降低期望值，以避免不必要的逞強，最終落入陷阱。你會學到切合實際的樂觀（這通常是成功的必備要素）與不切實際的樂觀（使人自我感覺良好，卻常常帶來麻煩）的區別。我還會教你振奮精神的小訣竅，使你在該展望歷歷晴川時不至於只看到綿綿陰雨。

永遠看向成功的光明面

社會心理學家說起樂觀主義，真的是沒有最好只有更好。一般來說，樂觀主義就是相信「一切問題最終會迎刃而解」，或許是出於相信自己的實力，亦或許相信老天站在自己這邊。有些人稱這種心態為「積極思考」。毫無疑問，這種思考方式自有其益處。為了讓你感受到樂觀主義究竟有多好，我在此列舉一些關於樂觀主義神奇功效的研究結果：讓我們的身體更健康、癌症病人的死亡風險更低、心臟支架手術康復的時間更短、產後憂鬱的可能性更小、產前健檢的參與度更高、創傷後遺症的症狀更輕、大學生活適應得更好等等。聽起來好像樂觀可以克服人生的各種挑戰。

彷彿好處還不夠多似的，樂觀主義者的愛情竟然也比一般人更加和諧。某些針對長期伴侶的研究顯示，樂觀者更懂得如何解決問題，避免互相指責。從長遠來看，他們在一段感情中能夠感受到更多快樂與充實。[1]樂觀主義者在生活的各方面都能用更加主動、直接的方式面對困難，拒絕消極或逃避的態度。因為相信自己終究會成功，他們更加堅韌不拔，也因此更有可能成功。

樂觀主義另一個不那麼為人所知的優勢，與如何安排目標的優先順序有關。有些目標對我們很重要，但對別人卻不盡然。一般來說，這種目標對我們的人生影響最大，並且可以帶給我們最大的回報。相比之下，其他目標便顯得無足輕重。例如，對我來說，當個好媽媽或成功的心理學家，這些目標帶給我的回報比定時清理冰箱或學會如何設預錄節目要大得多。

大部分的人都會儘可能追求幸福快樂的生活，為了做到這一點，必須投入更多的時間、精力和熱情在更重要的目標上，有時也必須犧牲一些不那麼重要的目標。樂觀主義者就是這樣，他們不只擅長實現多個目標，而且擅長處理多個目標之間的衝突。例如一項針對有氧體操的調查顯示，做操者越是重視這項運動，他們在生活中的表現越樂觀；至於那些悲觀主義者，他們花在做操的時間與他重視這項運動的程度並無關聯。其他研究也得出了相似的結果，研究主題涉及各種各樣的目標，例如交朋友、取得好成績等。我們一次又一次地發現，樂觀者更懂得把時間和精力投入對他們真正重要的目標上，對其他不那麼重要的目標所花費的時間則相對較少。[2]

此外，樂觀者對周遭環境中的積極信號更加敏感[3]，他們更有可能從困頓中看見一線曙光。他們似乎總是能看見人事物美好的一面，也因此格外擅長應對人生的起落。

不忘警惕失敗的黑暗面

然而人們最近開始明白，樂觀主義者的生活並不全是美酒和玫瑰。事實證明，總是期待著最好的結局，會使人對某些錯誤毫無抵抗能力。那些正是悲觀主義者永遠也不會犯的錯誤。

樂觀主義者覺得自己終究會成功，對於自己的行為會產生什麼樣的後果便欠缺考慮。他們很可能準備得不夠充分，並且更有可能從事冒險行為（請自行補充過度自信的美國政府使國家陷入困境的無數例子）。比如，樂觀者賭博輸得一場糊塗時，極有可能將賭注加倍，因為他們認為勝利就在下一把等著他們。[4]鑒於賭博遊戲設置的賠率都是對賭場有利，賭場經營者當然非常歡迎樂觀者的策略，而後者則很有可能輸得一敗塗地。

另一方面，悲觀主義者總是預料到最糟糕的結果，他們會為各種可能性做好準備，包括最壞的打算。悲觀的賭博者連輸幾輪之後，便開始對贏錢不抱希望，從而退出遊戲。實際上，真正的悲觀主義者很少會主動走進賭場。

樂觀者與悲觀者面對失敗的表現也不同。當你沒能實現目標時，你有沒有想過，要是準備工作做得再更好一些，最後的結果就會不一樣？心理學家把這些「假使」和「要是」的想法稱作「反事實思維」（counterfactual thinking）。樂觀者與悲觀者在事與願違時都會這樣做，但他們假設的內容不同。悲觀者會想，如果他們先前採取了不同的方法，他們就有可能成功。這種想法對未來很有幫助，可以督促你為今後的挑戰做好更充分的準備。另一方面，樂觀者往往會想，他們原本有可能會把事情弄得更糟。這種反事實思維只有一個用途，就是讓自己感覺好一點，好像失敗也沒這麼糟。儘管在逆境之中振奮一下精神無可厚非，但這種思維方式是無法幫助你進步或者取得成功的。[5]

最麻煩的一種樂觀，是心理學家所謂的不切實際的樂觀。懷著這種樂觀精神的人會不斷給自己打氣，相信自己會成功，但其實只是完全不願意從客觀的角度來看清楚現實。這種現象極其常見。三十年前，心理學家尼爾・溫斯坦（Neil Weinstein）發表了一項極具指標性的研究。大部分的美國大學生相信自己有朝一日會擁有自己的房子、坐領高薪、遊遍歐洲、活過八十歲，而且實現上述目標的可能性遠超越同年齡的其他人。他們覺得跟同學相比，自己不太可能染上酒癮、離婚、遭到解雇或心臟病發。[6]

這其實就是另一個版本的「烏比岡湖效應」（Lake Wobegon effect），指的是我們不光覺得自己能力過人，還覺得幸運之神更眷顧我們。這種不切實際的樂觀最有可能出現在可控制的情況（比如體重嚴重超重）、罕見的情況（比如破產）或相對沒這麼嚴重的情況（比如成績沒有想像的好）。不過請注意，控制體重、管理財務以及準備考試等，都能夠提前採取有效措施以避免失敗。當然，如果你覺得自己不會出問題，從一開始根本就不會採取任何措施。[7]

多年前，我曾和一名渴望當上演員的紐約男子約會。當時的他一邊在時代廣場的餐館為遊客端盤子，一邊等待自己大紅大紫的時代來臨。我只有看過他演的一齣舞台劇，那是一場非百老匯、非大製作、非正規的《羅密歐與茱麗葉》。他演得很好，我當時覺得他真的有可能成為一名優秀的演員。他對自己將來的成功深信不疑，他認為自己有明星氣質，唯一的問題是，他從來不去試鏡（那個《羅密歐與茱麗葉》還是朋友幫他找來的機會）。幾個月過去了，他那一疊閃亮的大頭照一張也沒發出去過，躺在角落積滿了灰塵（他多數時間也窩在我的沙發上積滿灰塵）。他在「等待好角色降臨」，降臨到他這個無人知曉但毋庸置疑的偉大天才身上。我明白，年輕演員有時的確是被伯樂（四處溜達的導演或製片人）發掘然後大紅大紫，但大多數的成功演員會告訴你，要想在這競爭激烈的行業立足，就得年復一年地努力，不斷把自己的照片發出去，讓所有應該看到你的人都不會錯過你。我最近一次聽到這位男子的消息，據說他還在端著麵條和沙拉，等待大導演史蒂芬・史匹柏請他演主角。

不切實際的樂觀既沒有幫助又危險，切合實際的樂觀則是實現目標的關鍵，兩者的區別在於樂觀背後的原因。當你認為自己能透過努力、縝密的計畫和相應的策略來控制局面，你的樂觀是切合實際的。這種樂觀可以帶給人能量和動力。但是如果你的樂觀來自你控制範圍以外的因素，得依賴某種先天的能力或運氣，比如「我會成功，因為我比別人聰明」，或者「我會成功，因為我總是很幸運」，那你遲早有一天會害了自己。因為你該準備的東西沒準備，或是該堅持的時候你卻早早放棄了。

在一項以大學生為對象的實驗中，心理學家找出了切合實際與不切實際的樂觀之間的區別。研究人員評量了大一新生的樂觀程度，發現很多人是樂觀卻不切實際的。他們對其中一半的高度樂觀者進行了「歸因再訓練」（attributional retraining）的干預實驗。「歸因」就是對成功或失敗的解釋和推論；「再訓練」是讓學生從自身的努力及策略運用找出原因，而不是把成敗歸因於自己是否聰明或有沒有才華。研究人員還向學生們解釋了，就算是與能力相關的表現（例如數學技巧）也是可以改變的，而且只要多學習就會逐漸進步。這種訓練把不切實際的樂觀轉化為切合實際的樂觀，使他們相信自己能透過行動取得成功，而不是空想自己一定會成功。

「再訓練」的結果非常驚人。接受訓練的高度樂觀學生第一學年的平均成績為B，而沒有受訓的樂觀者平均成績為C。這項實驗及其他類似實驗的結果都顯示，只要懂得採取行動，為自己的目標負責，那麼對未來保持樂觀就是一種非常好的態度。[8]

讓信心切合實際

如果你對實現目標有信心，但不確定這種信心是否切合實際，可以問自己幾個問題。這個過程能幫助你把不切實際的樂觀轉化為切合實際的樂觀。

1. 問問自己，為什麼覺得自己能夠把事情做好？假設你要去面試，你覺得自己比其他應徵者更有優勢，為什麼？或許你可以把答案一條條寫下來，以便更充分地闡述原因。

2. 其他人也有同樣優勢的可能性有多大？例如，如果你覺得自己很聰明，或者是名校高分畢業，所以應徵成功的機會很大，那麼是不是還有其他應徵者擁有相同的條件？你真的能脫穎而出嗎？這種想法切合實際嗎？

---

3. 現在想一想，你該如何控制成功或失敗？你能做些什麼來增加贏得這份工作的可能性？如何準備面試，才能表現出你的最佳狀態？你該做什麼，才能使幻想的成功變成現實？

> 採用適當的策略，執行步驟，確保成功，如此才能擁有真實、現實、應有的樂觀，幫助你展示最好的自己。

我還想要提醒兩項關於樂觀主義的危險之處。我在前面幾章已經講過，但我覺得值得在這裡重申一次。首先，記住，當你追求防禦型目標時，要避免樂觀。每當你面對與安危有關的目標，每當你想要避免損失，你最好經常想著哪裡有可能出錯，藉此獲取動力，而不是信心十足地告訴自己一切都會變好。

其次，記住，相信自己能成功與相信自己能輕易成功，這之間是有差別的（參見第一章）。相信自己能輕易成功，也是一種不切實際的樂觀，因為你覺得不費吹灰之力就能達成有價值、有意義的目標，這與現實並不相符。實現目標需要周密的準備，努力不懈。好消息是我們每個人都有能力做到，這也是讓我們有資格樂觀的根本原因。

增強樂觀精神

有時，如果你想實現目標，相信自己會成功也是非常重要的關鍵。尤其當你追求進取型目標時更是如此。若你對自己都沒有把握，又該如何對目標保有自信和樂觀呢？

首先，你可以借鑒心理學家在實驗中運用的「歸因再訓練」方法。大多數人之所以無法確定自己會成功，是因為懷疑自己的能力，而這種想法往往是錯的。這種時候，你需要質疑自己。比如，實現這個目標真的與能力有關嗎？勤奮、認真、在逆境中堅持不懈，以及一個好的策略，這些條件會不會更重要呢？如果實際情況偏向後者（現實往往也是如此），那麼實現目標就完全在你的控制範圍內了。或者找個曾經實現同樣目標的榜樣，想一想他是怎麼做到的。你會發現成功的人也需要努力和計畫，毫無例外，而這一點每個人都能做得到。

第二，你可以利用過去的成功經驗，給自己增加信心。回想你克服挑戰時所使用的策略，花十分鐘寫下讓你感到驕傲的某項成就以及實現的過程，這些都很有幫助。人人都會有彷徨的時候，你只需要給自己一點點肯定，幫助你改變視角，重新看清楚局勢。

我強烈推薦的第三個策略，是運用「如果……那就」計畫，戰勝任何消極的想法。只要這些想法在你腦海中一浮現，就把它們挑出來，比如「如果我開始懷疑自己，那就告訴自己為什麼有資格勝任這項任務」。正如我在第八章所說的，這種方法對戰勝破壞性思維極其有效。只要持續運用，就能增強你對未來的樂觀展望。

至於第四個策略，試試「預想成功藍圖」吧！無數勵志書籍告訴人們：在腦海中想像你渴望的東西，它就能成真。若真是如此就太好了，但從科學角度來看，這種說法並沒有依據。不過，如果你預想的是成功的方法和步驟，而不是成功本身，這種方法就非常值得一試。在腦海中模擬成功的過程，不僅能創造出更樂觀的展望，還能幫助你循序進行計畫，做好準備。想像自己的每一步都走在成功道路上，很快你就會相信這個目標是可以實現的。

要點回顧

■ **有些樂觀情緒是有益的。**

樂觀主義能帶來很多好處，能增強動力，幫助你將目標分類並且排列優先順序，讓你處變不驚。

■ **有些樂觀情緒是危險的。**

樂觀主義也可能讓你過度自信，對後果考慮不周，準備不充分，冒不必要的險，最後付出慘痛代價。遇到挫折時，樂觀主義者有可能選擇自我感覺良好的心態，而不去分析應該改善的地方，不去考慮下次如何可以做得更好。

■ **了解不同類型的樂觀及其差別。**

樂觀也有分為不切實際與切合實際。不切實際的樂觀是過度依賴無法掌控的因素，例如先天的能力或運氣。如果你相信自己生來就比別人聰明、被幸運之神眷顧，或是「有明星氣質」，你只是在自找麻煩。不切實際的樂觀者不會為實現目標採取必要的行動，遇到困難便束手無策。

■ **樂觀要切合實際**。

切合實際的樂觀是一種遊刃有餘、掌握一切的信心。你相信自己能成功，是因為你會努力，會想辦法維持動力，會運用適當策略來實現目標。這種樂觀者很少會犯重大錯誤，而且比一般人更容易成功。

■ **如果不真實，把它變真實**。

當你追求目標時，要確保自己的樂觀感受是切合實際的。若你有所懷疑，請運用我在本章概述的方法來自我檢測（辨別樂觀的原因，質疑不切實際的假設，用成功所需的具體計畫和步驟來代替所有不切實際的想法）。

■ **把注意力放在能力之外的物事上**。

想要加強樂觀精神，祕訣是把注意力轉移到自己的努力、堅持與計畫上，取代你對自己能力的懷疑。想一想曾經實現相同目標的榜樣，也會有所幫助。一般來說，成功人士既聰明又努力，值得每個人學習。

■ **回想過去成功的經驗**。

回想自己值得驕傲的成就，是另一種增強樂觀精神的方式。提醒自己具備成功的能力，對增強自信有神奇效果。

■ **別去預想成功的模樣，而是預想成功的步驟。**

只是想像自己衝過終點的那一瞬間，並不會將你帶到終點線。不過，預想跑步的策略、可能遇到的障礙以及克服障礙的方法，不但能使你更加自信，還能幫助你做好準備。這就是切合實際的樂觀。

第十二章 懂得堅持

在我的職業生涯中，我曾見過一些極其聰明的人，在新任務或新學科開始變得困難的那一刻退縮不前；我也看過一些貌似智力平平的人勇往直前，奮鬥到底，最終獲得成功。當我以成功為研究主題時，首先了解到與生俱來的能力與成功之間的關係微弱到令人驚訝的地步，堅持與努力才是促成成功的關鍵。人們之所以失敗，最常見的原因是為了錯誤的理由而過早放棄。

如何增強堅持到底的毅力？我將在本章和你分享幾種策略，教你如何為長期抗戰做準備。首先我會重點講述哪些類型的目標能幫助我們穩定應對挑戰。有個適當的目標作為起點，堅持下去的可能性也就自然提升了。

此外，人們解釋成功或失敗的方式迥然不同，這些差異影響了他們的毅力。例如，在你看來，拿到好成績或得到升遷，到底是智力的關係大一些，還是努力的原因多一些，還是運氣的成分多一些？答案很重要，因為它決定了你遇到逆境時如何看待問題。可以想像的是，遇到挑戰時會想著「我需要更努力」的人，比那些認為「我很不幸」或「我太笨了」的人更有可能堅持下去。

我們會探討你是如何理解成功的必備條件，而這種理解會導致你選擇什麼樣的目標，又會如何影響你的毅力。我們還會探討文化背景的影響，解釋西方學生與亞洲學生成績的差距。這個話題已經被人們探討過很多次了。

儘管堅持不懈的精神對生活各方面都至關重要，但憑良心講，我真的認為我寫這本關於如何實現目標的書，並不是要你永不放棄。有些時候，你確實需要承認現實，甘於放棄。我們不可能永遠當贏家。在逆境中堅持的確很難，但同樣難的是懂得什麼時候放手。

事實證明，懂得適時放棄某個目標，也是幸福的關鍵。在這一章，我同樣會告訴你怎樣擺脫以及何時該放棄那些太過複雜、代價太高的目標。你將學會如何決定去留——那是基於證據而做出的選擇，並非恐懼或錯誤的邏輯導致的決定。你還將學會如何放手向前走，並且從中受益。

如何才能堅持到底？

有些人的自制力就是比別人多，同樣地，有些人在逆境中就是比別人堅持得更久。心理學家安琪拉・達克沃斯把這種人格特質叫作「韌性」。她說：「有韌性的人把成功看作一場馬拉松，他的優勢就是持久耐勞。」

韌性，也就是毅力，是長期投入與堅持不懈的結合。你贊成「我經歷數年耕耘換來成功的果實」以及「我只要開始做一件事就會堅持到最後」這樣的描述嗎？你對這些陳述的贊同程度，反映了你的韌性程度。

聽到「韌性」、「堅韌」這樣的詞，你可能想到的是那些克服重重困難與巨大障礙的偉大人物，比如前南非總統曼德拉（Nelson Mandela），或者傳奇演員約翰・韋恩（John Wayne）。其實普通人也能做到堅韌不拔。研究顯示，這個特質與成功有十分密切的關係。例如韌性可以用來預測一個人的教育程度，韌性較強的大學生成績通常比較好。毅力還能用來預測美國西點軍校的學生有哪些人可以撐過第一年，甚至還能預測全美拼字大賽的每個選手能夠闖過幾輪（後來調查發現，這是因為那些更有毅力的選手在賽前準備得更充分）[1]。

總而言之，韌性是非常優秀的特質。正如自制力可以被鍛鍊，只要你願意，你也可以提升自己跨越困難、堅持下去的能力。如果你覺得自己沒什麼毅力，可以學著培養它。

首先，你選擇可以讓你自然而然堅持下去的目標。謀求進步的目標注重的是能力的提升，不在乎表現是否完美，或是是否獲得他人認同（見第三章）。不論前面的路途還有多遠，這種目標能給你帶來成就感和樂觀精神，是增強韌性的極佳方式。同樣地，追求自主選擇的目標，或者因為目標本身吸引力而選擇的目標，也能增強你的毅力。當目標能真切地反映你的好惡、價值觀和願望，你自然會更想實現它，也更加享受奮鬥的過程（不論持續多久）。你會像享受結果一樣享受過程。

想一想那些大半輩子待在房間裡，窩在書桌前，面對著成堆書籍和論文的學者。很多人傾注數年，甚至數十年的光陰，鑽研某個數學或化學問題，或是研究莎士比亞的戲劇是否全部出自他本人之手，諸如此類。你可能覺得他們研究的問題很晦澀，覺得他們的生活很悲慘，但事實通常和你想的正好相反。他們在探索某個特定領域的過程中，自然而然形成了堅韌的毅力，因為這些都是他們自己選擇畢生研究的課題。

另一種增強韌性的方式，是確保你能正確地總結失敗的原因。如果今天你認為自己的表現差強人意是因為能力不足，甚至如果你更堅信一個人的能力是天生、不可改變的，那種感覺會更糟糕，令人焦慮沮喪，失去信心。[2]想像自己進入新公司，第一次拿到考績，老闆說你的溝通能力需要提升。如果這時你認為自己無法改變羞怯的性格和笨拙的毛病，覺得自己就是這樣的人，又會有多大的動力來提升或改變自己，在下一次獲得更好的考績分數呢？若是失去成功的希望，誰還會堅韌不拔地繼續努力呢？

反之，如果你認為你的考績不好，是因為自己沒有盡最大努力讓別人明白你的想法，或是沒有使用正確的方式與同事溝通，那你可能不會感覺有那麼糟糕。雖然也很氣餒，但是感覺不一樣，你可能會比較願意試著解決問題。事實上，這就是一種韌性。

後者這種堅韌的思考方式不但對我們更有利，通常也更客觀。僅僅因為完全無法改變的能力而導致失敗，這種情況極其罕見。我並沒有說不可能，例如，我必須承認，因為身高不夠高，我永遠不可能往正規籃框裡成功灌籃，除非借助梯子、彈簧，或者在身上綁一枚小型火箭。如果我把灌籃當成目標，我註定要失望。但就算無法灌籃，我依然可以試著成為一位很棒的籃球運動員，因為不管從事任何一項運動，跟你的決心和你接受的訓練有很大的關係。雖然與生俱來的身材條件確實會影響你作為運動員的表現，然而任何一個教練都會告訴你，勤奮訓練才有可能進步。

那麼，既然我們大部分的能力能夠改變、進步，失敗通常也和那些無法改變的能力無關，我們為何還要把失敗歸咎於此呢？我們為什麼那麼快就認定自己不能實現目標，是因為不夠聰明、強大，不夠有才華？如果我們缺少的是努力、計畫、堅持和適當的策略（這才導致績效低落的罪魁禍首），我們為什麼無法明白這一點？

這些問題的答案，有一部分和我們的文化背景有關。每種文化都有一套價值觀與信仰，而我們從孩提時代開始就毫無察覺地吸收著這一切。例如，以美國為首的西方社會往往極端重視對個人能力的褒揚。美國人著迷於天才和神童的故事，讚揚那些看似具有特殊能力的人，而且覺得依靠勤奮刻苦獲得成功的人都少了那麼點天生的能力。（這就是為什麼沒人喜歡被誇講勤奮努力，那意味著他們不夠聰明，這也是我聽過最荒謬的一種誤解。）這也沒什麼好驚訝的，身處在一個把成功看作能力象徵的社會，人們自然把失敗理解為缺乏能力。但這並不是絕對，至少在世界上其他地方的人們並不這麼想。

亞洲人的獨到之處

「國際數學與科學教育成就趨勢調查」（TIMSS）每四年舉辦一次，針對四十八個國家的學生學習狀況進行調查。美國教育部利用這項調查結果來觀察美國與其他國家學生的表現。二〇〇七年，美國八年級學生的學業表現再次被中國、韓國、新加坡和日本的學生打敗（從一九九五年第一次調查以來便一直如此）。這個結果讓教育家和政治家坐立難安。亞洲學生的數學和其他學科成績持續勝過美國學生，難道是因為美國孩子沒有天賦嗎？你很容易會這樣想，但這種想法完全錯誤。亞洲學生與西方學生的差異，是文化而非基因所致。若要總結出最大的一項差異，那就是美國人相信能力，而亞洲人相信努力。

東亞的教育體系大多是以儒家的教育理念為基礎，強調勤奮努力的重要性。[3]一些與教育有關的名言包括：

> 「故雖有其才，而無其志，亦不能與其功也。志者，學之師也；才者，學之徒也。學者不患才之不贍，而患志之不立。」
>
> ——徐幹《中論》
>
> 「日知其所亡，月無忘其所能，可謂好學也已矣。」
>
> ——《論語・子張篇》

我在哥倫比亞大學攻讀博士學位時，一個在韓國出生並接受教育的同學告訴我，在韓文中，一般稱讚別人「幹得漂亮」，從字面上理解就是「努力工作」的意思。這也意味著，無論你做得多好，總是可以繼續進步。（一般美國人聽到這句話，通常就是很坦率地接受稱讚。）

可以想見，亞洲學生更容易把成績不理想歸咎於自己付出的努力不足，或是把自己的成功歸功於勤奮刻苦。例如日本的大學生輸了拼字比賽時，他們可能認為最主要的原因是「缺乏努力」而不是「缺乏能力」、「遊戲太難」或「運氣不好」。[4]在另一項研究中，孩子的數學成績不及格，中國的媽媽會認為是因為孩子「不夠努力」，而美國的母親則往往將「能力不足」、「缺乏訓練」、「運氣不好」和「不夠努力」列為同樣重要的原因。[5]

亞洲的父母和老師明確地教導孩子「勤奮和堅持不懈是成功的關鍵」這個道理，這也解釋了為什麼他們在數學和科學等需要決心和長時間練習的學科中名列前茅。美國學生多數時候會（錯誤地）認為，學好這些學科需要天賦，好比有人一生出來就會做長除法一樣，而這種壓力就像一座大山，讓他們喘不過氣。他們一遇到難懂的概念或問題，就直接得出（錯誤的）結論，認為自己不具備完成這些任務的條件。教孩子如何堅持，幫助他們理解成功需要的不是天賦而是努力，將能有效縮小東西方數學成績的鴻溝。

我已經強調了堅持的重要性，現在該關注一下這件事情的反面了。

懂得何時放手

有些時候，你確實不得不認真考慮放棄某個目標。放棄目標的關鍵，是一定要有正確的理由。大多數人因為不相信自己有能力實現目標而放棄——到目前為止，我說了這麼多，希望你已經明白這種想法是錯的。每個人都擁有成功的條件，就算現在沒有，你還是可以想辦法去培養、建立這些條件。那麼，為什麼當你有能力實現目標了，有時放棄反而對你有利呢？

放棄某個目標，有兩個好理由（無論是哪一個都與能力無關）。首先，不論你承不承認，我們每天就只有這麼多的時間。縱使你有天大的本事，在任何領域都是天才，你也無法擁有所有的資源。你的精力只有這麼多，時間只有這麼多，不只是你，每個人都必須做出選擇，因為想包攬一切是不切實際的。讀這本書能幫助你更懂得掌握時間，但無法改變你一天只有十六到十八小時可以工作的事實（人總是需要睡眠的吧）。

大部分的職業父母對這樣的難處肯定不陌生。如果你的工作需要你每週投入六十小時，你陪伴孩子的時間自然就少了。如果你跟我一樣試過自己帶孩子，不把孩子送托兒所，不請保姆，你的工作肯定會被耽誤。有時候，與其同時做很多事（卻一件也做不好），還不如給自己一絲喘息之機。你應該體認到自己時間和精力有限，應該專注於對你來說最重要的目標，放下其他的事情（至少在更好的機會到來之前先放下）。

另一個放棄的好理由，是當你發現實現目標需要花費的代價太大了。情況不斷變化，你原本設定的目標可能會出人意料地變得複雜和討厭。有時你會發現，你根本沒搞清楚自己蹚了什麼樣的渾水。這種時候，最聰明和健康的做法就是重新審視你的選擇。

二〇〇三年，我當時的男友、後來的丈夫喬納森在聖路易斯華盛頓大學教哲學。那時他剛拿到哥倫比亞大學哲學系博士學位兩年，大家都說，他應該感到高興才對。他本人也是，從小時就沒有考慮過其他職業。但工作到了第二年，這位年輕的學術哲學家發現了一件令人不安的事實：他討厭自己的工作。不是討厭哲學，而是討厭教哲學。很多學者把教職當作學術的一部分，便一直忍著，可是喬納森認為哲學教授教課時間太長了。科學學系的教授每學期通常只教一、兩門課程，而哲學教授普遍要教三到四門。每天要教課使他筋疲力盡，沒有時間進行哲學研討，教課這項任務對他來說一點吸引力也沒有。

經過長時間痛苦、誠實又殘忍的自我審視後，喬納森最終放棄了哲學教授這個職業。他來自明尼蘇達，習慣了說實話、做實事，現在放棄這個職業，意味著他要重新考慮這輩子可以做什麼，重新審視過去對自己的認知。想到這個決定會辜負曾經支持他、相信他潛力的人，讓他十分痛苦。毫無疑問，這是個勇敢的選擇，對他來說也是個正確的選擇。有時候，當我們付不起成功的代價，放棄一直想要達成的目標是我們能為自己做的最好的事。

在持續不斷的懷疑與痛苦面前，放棄讓你陷入麻煩的目標貌似很容易，事實卻並非如此。放棄目標有時非常困難。或許你已經投入太多時間和精力，不想讓這些努力付諸東流；又或許你還沒有說服自己，目標是如此遙不可及的；也有可能你只是不想被當成失敗者，所以不願放棄。正如我們不知如何堅持不懈，我們也不懂得什麼時候該放棄或者如何放棄。

如果你要放棄的目標與你的個人形象有著重要的關聯，那就更難了。我們在日常生活中扮演的角色，大大影響了我們如何看待自己的身分。例如，當你追求的目標是成為醫生（以救死扶傷為目標）、母親（以帶孩子、哄孩子睡覺為樂）或是老師（希望幫助學習困難的學生），若你最終失敗了，不但令人失望，還會動搖你對自己的認知。

能夠從某個目標中解脫，對個人的幸福健康至關重要。幸運的是，你可以學著做到這一點。成功地放棄目標，需要兩個步驟。第一步，你得想清楚，放棄是不是對你最好的選擇。

你可以試著回答下列問題（寫出答案幫助更大）：

成功放棄目標

1. 為什麼實現這個目標對你來說很困難？思考下列選項，你需要具備哪些條件，才能離成功更進一步？
   a. 花更多的時間
   b. 付出更大的努力

c. 採用新的方法
d. 尋求專家的幫助
e. 加強鍛鍊自制力
f. 制定更好的計畫

如果答案是「這些我都做的不夠好」，那你錯了。你可以做得更好。重新再來一次。

2. 你能夠為了實現目標而採取必要的行動嗎？你能找出時間和精力，或是找到需要的幫助嗎？

如果答案是「不能」，那你應該認真考慮放棄目標了。

3. 為了獲得成功，你是否需要付出過高的代價？你會因此感到不快樂嗎？你是否必須為此放棄其他重要的目標？

如果答案是「是」，那你應當認真考慮放棄目標了。

當你回答了這三個問題之後，下定決心放棄，你就必須想辦法結束得乾淨俐落，不要繼續糾纏其中。反復糾結一個無法實現的目標，會讓它在潛意識中繼續活躍，進而造成潛意識大亂（「到底還要不要追求這個目標啊？」），永遠無法真正從中解脫。[6]

第二步，你需要找到一個新目標取代它。這一步極其重要，卻常常被我們忽略。若你做到了這一步，你會活得更快樂，心裡也不會一直感到懊悔。如果你對現在的工作不滿意，那麼你想換什麼樣的工作呢？如果你厭倦了有氧操，健身房還能提供什麼其他課程呢？如果你想離開你的伴侶，你會如何填滿兩人平常黏在一起的時間呢？研究顯示，放棄一個目標，會讓你不自覺地向其他目標靠攏。用一個明確的新目標，將原本無法實現的目標替換掉，可以幫助你維持自我身分認同，讓你不再沉緬於過去，勇敢前進。[7]

要點回顧

■ **你有毅力嗎？**

願意為目標長期投入，遇上困難也堅持不懈，這樣的人比那些缺乏毅力的人更容易成功。

■ **堅持下去！**

你可以選擇合適的目標來增強毅力。謀求進步的目標以及自主選擇的目標，可以提供動力，讓人更願意持續投入。

■ **怪自己不努力，不怪自己沒能力。**

如果你相信目標無法實現是因為缺乏能力，你就不可能為了做得更好而改變。總而言之，努力、計畫、堅持，並且選擇一個好的策略，這些才是實現目標的真正關鍵。認識到這一點，你才能更加看清楚自己和自己的目標，還能增強你的毅力。

■ **你不可能擁有或成就一切。**

認為自己沒有能力而放棄目標，絕對不是明智的選擇。但這並不是要你抓住所有的目標不放。你必須了解，一個人每天可用的時間與精力是有限的，有時你就是必須有所放棄。當實現目標變成不可能的任務時，請勇敢地放手。

■ **有些目標不值得你付出一切。**

如果你有辦法實現某些你非常重視的目標，但是得付出超過你能負擔的代價，即使選擇放棄也沒有關係。如果完成這個目標讓你很痛苦，或是必須放棄其他太多的東西，你應該思考是否值得為這個目標犧牲一切。要是不值得呢？那就灑脫地放棄吧！

■ **放棄舊目標，換成新目標。**

知道何時該放棄過於艱難或代價太高的目標，才能做個快樂知足的人。為了讓這個過程更容易也更有收穫，請找個新目標代替舊目標，使你保持參與感和使命感，在人生的道路上繼續昂首闊步。

第十三章　給予回饋

回饋，是幫助我們實現目標極其重要和必要的因素。假如沒有回饋，我們好比在黑暗中摸索，不知道自己是否走在正確的軌道上。如果你的身分是家長、老師或管理者，為他人提供回饋就是你份內的工作。你得強調他們做得好的地方，也得指出他們做得不好的地方，幫助他們保持動力，在正確的軌道上前行。遺憾的是，並非所有回饋都有幫助，有些甚至會起反作用。就算你懷著最好的意圖給人褒獎或批評，也有可能適得其反，而大多數人想不通為什麼會這樣。

給人回饋是門學問。知道該說什麼和不說什麼，並不是與生俱來的能力。如果你曾經在這方面搞砸過（誰又沒有呢），可以從現在開始學習如何給予他人更有價值的回饋。在這一章，我會利用先前提過的種種目標陷阱，提點你如何給予他人適當的回饋，幫助他們保持動力，把握方向。

先問自己幾個問題：你認為誠實告訴別人，說他表現不佳是因為不夠努力、方法不對或根本選錯目標，這麼做合適嗎？就算別人沒有向你求助，你還是應該「助人為樂」嗎？當你想表揚學生或員工時，你該誇他們聰明、勤奮，還是該佩服他的毅力？你該時時刻刻用讚美來鼓勵他人，還是該稱讚對方做得最好的成就呢？如果你問十位經驗豐富的管理者，你可能會聽到十種不同的答案。

給人適當的回饋並不容易。表揚一個人能力超群，他會感覺自己好像明星一樣高人一等，然而這樣的褒揚也許會讓他在面臨棘手情況時摔得更慘。表揚一個人十分努力，有時好像在暗示他不夠聰明，卻能讓他準備好面對接下來的挑戰。因為微不足道的小成就而連連讚美他人，往往會削弱他的績效表現。但別擔心，我說過，回饋是門學問，還是有規律可循。

當表現不如人意

告訴別人他的表現不夠好，是一件非常困難的事。沒有人喜歡聽壞消息，而給予建設性的批評是一種很難掌握的技巧。所有人都犯過這個「可以理解」的錯誤，認為不傷害對方的感情是至高無上的原則。我們會說「不是你的錯」、「你已經盡力了」或「這不是你的強項」。不論這些話是否正確，都是可以理解的，因為我們不想做批評者，而且不想因為批評別人而感到難受。

但從動機的角度看，這種做法缺乏遠見。聽到誠實回饋雖然令人難受，卻是必要的感受。因為焦慮和悲傷是激發動力的關鍵，可使大腦做出反應，想辦法擺脫這些情緒。負面情緒迫使你把注意力集中在自己手中的資源，為你的奮鬥增添動力。如果你剝奪了別人對於績效低落的責任感，等於剝奪了他們的控制感。試想一下，如果人們無法為過去所做的事情負責，又怎麼在未來的表現中進步呢？當然，我並不是讓你竭盡全力使員工、學生（或自己）在沮喪中掙扎。所謂「忠言逆耳」，真正有價值的回饋往往聽起來不那麼悅耳，但這沒什麼了不起的。如果你是真心為了對方好，就不該因為擔心後果而閃爍其詞，將對方最該聽到的東西隱藏起來。

當對方遇上困難時，你的回饋應該要能讓他相信自己仍有機會成功。沒有什麼比自我懷疑更使人洩氣的了（對進取型思維的人來說尤其如此，將目標焦點放在「收穫」的人，對悲觀的批評最為敏感）。所以，當你給出負面回饋時，要注意以下幾點，以確保對方能真正受益。

首先，要儘可能具體地指出問題所在，避免你和對方都過於籠統地理解問題。當我們把績效低落歸咎於大範圍的能力（比如「我不擅長數學」）而非具體技巧（比如「我的統計學都忘光了」），容易使接受回饋的人失去信心和進步的動力。在給予回饋時，不要指責對方溝通技巧太差，而是應該告訴他們具體該如何改進（什麼該說，什麼不該說，以及該怎麼說）。

不要說：鮑勃，你不懂得溝通。

而是說：鮑勃，我想更了解你的專案進度和時間安排的情況。我們以後每週簡報一次。

鮑勃也許早就知道自己不善溝通，提醒他這一點，除了強化他這種感受以外，沒有任何幫助。但如果你能明確指出提高溝通能力的具體方式，可以讓他感受到更多自主權，讓他知道這是他能做到的具體改變。

還請記住一點，自信不足的人更容易籠統地理解負面回饋。有一次，理海大學邀請一位嘉賓到我們系上演講。此人雖然聲名顯赫，內心卻缺乏安全感。在演講結束前，我的同事為了弄明白演講內容的某一點而提問，沒想到嘉賓竟勃然大怒，直接離場。後來說起這件事時，他認為我的同事侮辱了他。他的大腦就這樣莫名其妙地把「你在那項研究中如何測量自信程度」這個問題理解為「你就是個白癡」。這種事情有時就是避不掉，但至少你能把握的是，對那些明顯自信不足的人提出負面回饋時，要儘可能將回饋具體化。[1]

當我們覺得事情失去控制，這種感覺會導致悲觀，甚至憂鬱。相反地，當我們覺得一切都在掌握之中，這種感覺會帶來自信和樂觀。所以，當你提出批評時，一定不要剝奪對方的掌控感。當績效不理想時，不論他有多想撇清，最好別讓他輕鬆擺脫這一層責任關係。我們得對自己的失敗負責，才能使我們認知到自己有改變的能力。如果你認為某人的績效差，是因為他不夠努力或需要嘗試新方法，請大膽地告訴他。但是同樣地，要具體指出對方有能力做到的改變，從而保護他們的自信。

不要說：珍，別擔心化學不及格的事了，反正妳生來就不是唸理科的料，但至少妳很擅長寫作啊！

而是說：珍，我覺得妳並沒有為化學考試做足準備。妳沒有拿出對待寫作的熱情來面對化學。跟我說說，妳花了多少時間準備這次考試，用的是什麼方法，說不定我們可以讓下次考試成績更進步一些。

有時候，雖然學生或員工已經很努力了，但他們依然未能實現目標。在這種情況下，我們很容易會想要稱讚他們的努力，試圖安慰他們：「別難過了，你已經盡力了！」雖然這種回饋懷著一片好意，但還是必須避免。研究表示，當努力沒有帶來相應的結果，卻聽到別人讚賞自己付出的辛勞，反而會讓被讚賞的人覺得自己很笨，與讚賞者最初的意圖恰恰相反。當對方認真付出卻沒有獲得相應的成果時，不要對他說任何讚賞的話，而是要把回饋的焦點集中在純粹的資訊上。哪些方面可以有所改變？如果問題並不是沒有努力，無效的方法往往是罪魁禍首。換一個更好的計畫是否有所幫助？當你的責任是給予回饋時，請你記得，找出改進的辦法，與意識到哪裡出錯同樣重要。

當表現令人滿意

表揚別人也會有表揚錯的時候嗎？批評的確分為建設性與傷害性兩種，但若說表揚也有對錯，大多數人可能會對此抱持懷疑。事實上，表揚也有可能增強或削弱他人的動力，這取決於你表揚的內容和方式。研究顯示，讚美的確能夠增強自信心和決心。當我們被人誇獎後，通常會更熱愛所做之事，更主動投入。然而讚美也會製造不必要的壓力，使人過於注重保持目前的表現，不敢冒險，進而削弱了他的自主意識。所以，當我們對別人說「做得好」時，要怎樣使他實現目標的動力越來越足，而不是一不小心澆滅了這種動力？

二〇〇二年，心理學家珍妮佛・亨德隆（Jennifer Henderlong）和馬克・萊珀在綜合分了析諸多研究後發現，讚美必須符合下列五個準則，才能發揮應有的積極影響。[2]

準則一：讚揚應當真誠，或者最起碼要聽起來真誠。缺乏誠意最明顯的表現，莫過於表揚中包含其他不明的動機。如果別人覺得你在試圖操縱他為你做些什麼，或者認為你只是想哄他開心，那麼你的讚揚便會顯得缺乏誠意。表揚得熱情過了頭也會顯得虛偽，所以要小心，別太亢奮了。

另外要注意，讚美不宜過於籠統（「你總是那麼大方」），這會使人很容易舉出反例（「我給的小費總是比別人少，又算哪門子大方」），所以應儘可能使讚美具體化。

不要說：菲爾，你今年的表現太不可思議了！你真是個理想的員工！

而是說：菲爾，客戶那個專案你做得真棒，我真的很看好你！那個情況很棘手，你處理得很好。我很感謝你今年的努力，你的表現遠遠超出了我的期待！

當某個人根本沒有努力時，別誇他努力；當某個人還處在學習階段時，別誇他有能力，你誰也騙不了。這麼做不但無法給人動力，還會讓人難堪。表揚他人微不足道的小成就（「哇，你的字寫得真清楚」）也會使你顯得虛偽，甚至讓對方感覺很失敗（「難道她原本覺得我那麼蠢，連字都寫不好嗎？」）。沒有人會

希望因為自己沒做的事、沒做好的事或者不值一提的事而受到表揚。

如果你想顯得真誠，請保持言行一致。如果你在說話時避免目光接觸，或者說話前停頓太長（好像沒話找話），聽者就會感到疑惑，為什麼你表現出來的狀態與話語的內容不符。最後一點：避免溢美之詞，而是要讓人們知道，你只有在看到真正優秀的表現時才會真心讚美。當然，對他人當之無愧的讚美，也絕不要吝惜「溢美之詞」。

準則二：你的讚美應該強調對方可控制的因素。如果表揚別人天生的能力，那麼一旦事情難度增加了，就可能出現問題。如果你對一個考試拿了高分的孩子說「湯米，做得好，你真聰明」，當他沒考好時會怎麼想？反之，誇獎他的勤奮、毅力和決心，會讓他明白這些才是成功的要素，如此一來，他在遇到困難時才能迅速恢復並理性應對。

心理學家卡蘿・杜維克和克勞蒂亞・穆勒（Claudia Mueller）所進行的一系列研究，充分證實了第二項準則的重要性。她們讓五年級學生做一套相對容易的題目，並且表揚了他們的優秀表現。[3]在表揚時，他們對其中一半的學生著重強調能力（「你做得真好，你一定非常聰明」），對另一半學生則著重強調勤奮（「你做得真好，你一定下了不少功夫」）。接著，研究人員再讓學生做難度極高的十道題。這些題目非常難，幾乎沒有哪個學生能夠做對兩題以上。最後，研究人員再讓學生做第三套題目，難度與第一套相同。

杜維克和穆勒發現，與第一套題目相比，被研究人員稱讚聰明的學生，在第三套題目中的表現遠遠落後於被稱讚用功的學生。第一套題目的優秀表現使他們變成「聰明」的學生，但做第二套題目時表現很差，意味著他們不再「聰明」。這些學生喪失了信心和動力，以至於在最後一套題目上表現糟糕。

被研究人員稱讚用功的學生則表現出不同的模式，他們在第三套題目的表現比第一套還好。因為他們知道，好成績來自於「用功」，在經歷了第二套難題後，他們在第三套題目下了更多功夫。這些學生獲得了自信和動力，也取得了更好的成績。

我必須承認，聽到自己因為聰明智慧而獲得別人的讚揚，比聽到「你真努力」之類的稱讚，感覺要好很多。與其聽人誇自己努力，誰不喜歡聽人誇自己聰明呢？我們都本能地理解這一點，所以我們脫口而出的讚美，也是對能力的讚美。但你得問問自己，是感覺重要，還是為成功做出更好的準備重要呢？如果答案是後者，你需要相對地調整你的讚美方式。

我並不是說永遠不能讚美別人的能力。當我做好一件事，我的母親誇過我聰明，我也會對我的孩子說同樣的話。重點是要避免單獨對能力提出讚美，只要你同時表揚了對方的努力與使用策略得宜，那麼稱讚對方的能力便沒有問題。你需要避免給對方留下「成功是能力所致」的錯誤觀念，因為事實並非如此。成功通常需要努力、堅持、保持動力以及正確的決定，你必須確保對方明白這一點，而且讓他感覺自己的確值得你的讚美。

不要說：湯米，做得好！你太聰明了！

而是說：湯米，做得好！你為了這次的化學考試非常努力，我真為你驕傲！你一定學到很多東西吧！

準則三：在表揚時，切勿拿對方與他人做比較。與第二條準則相似的是，與他人比較，容易使我們從能力的角度看成就，從而忽略了更可控的因素，例如勤奮與方法。研究顯示，當學生和員工明確得知自己的表現會被拿來和他人比較

時，往往更加注重表現自我，證明自己的技能，而不是提升那些技能。當我們獲得的表揚立基於和他人的比較時，我們會過於在意自己在別人心中的形象，於是忙著證明自己，進而影響到我們今後的成績。

表揚應該是和自己比較，而不是和其他人比較。與其在學生或員工之間進行比較，不如對比一個人目前和過去的表現，表揚他的進步，督促他繼續努力。

不要說：丹，你是整個系所表現最好的研究生！

而是說：丹，你比剛來的時候進步了很多！你已經成長為一位優秀的學者了！

準則四：表揚不應當剝奪對方的自主感受。獎勵和壓力都能在潛移默化中控制人們，使人把注意力從事物本身轉移到其他方面。若是告訴別人「繼續保持，你將獲得獎勵」或「繼續堅持下去，我會覺得你非常了不起」，這麼做會讓對方關注的焦點轉移到外在的認可，例如獎金或愛。最糟糕的情況，莫過於讓一個原本因為內在動力、興趣和愛好而自發努力的人，漸漸變成為了獲得外界的認可、

表揚或其他好處而行動。你的讚美應當針對具體的事實，試著尊重他人的感受和選擇，支持他人的自主權。

不要說：安妮，如果妳的數學成績可以一直這麼高分的話，我會為妳感到很驕傲。

而是說：安妮，看到妳對數學那麼感興趣，我真心為妳高興！

準則五：表揚應當始終傳達一個可達到的標準或期望值。認可他人的成績，可以帶給對方動力，讓他繼續努力。但有時候我們的熱情總使我們把話扯得太遠。我們希望對方知道，在我們心裡，他只要肯努力，什麼都能做得到。我們試圖用表揚給他們增加信心，但一不小心也暗示了我們那永無止境的期待。

誇獎一個有前途的學生「肯定能上哈佛大學」，誇獎一個有天賦的運動員是「未來的奧運選手」，聽起來也許無害，但這種話聽多了，容易讓人覺得自己的表現不能低於這個標準。我並不是說我們不能樹立高標準的目標，但讚美必須切合實際。要知道，每年都有成千上萬天資聰穎又成就非凡的學生被哈佛大學拒於門外，能夠進入奧運國家隊的運動員也只是傑出運動員中的極小部分。最好是鼓勵學生或員工樹立有難度卻仍然可能實現的目標。別提什麼上哈佛、進奧運，你可以對成績出色的學生說「肯定能考進好大學」，對傑出運動員說「肯定能在大學校隊中脫穎而出」。當然，你也不妨也明確指出，傑出表現的前提是持續不斷地努力。

不要說：如果你能保持傑出表現，我一定會在大聯盟看到你的身影。

而是說：你擁有極大潛力，我們一起向下一個更難的挑戰邁進，爭取更大的進步！

在給予回饋之前，你必須仔細考慮你「應當」說些什麼，這是你的責任。我們說過的每一句話，對他人的影響往往比我們想像的更大。我們應當認真對待自己說過的每一句話。如果有人非常在乎你的回饋，你一定要向他們傳遞適當的訊息，不僅具備實質的幫助，更能鼓舞鬥志，激勵他們不斷前行。

要點回顧

■ **實話實說。**

不能因為顧及對方感受而不說實話。告訴別人「這不是你的錯」或「你已經努力了」，也許能讓他們好過一些，但也會讓他們覺得束手無策，毫無動力。人們要為自己不夠勤奮和選錯策略負責，只有這樣，才能激勵自己在未來的日子裡做得更好。

■ **保持積極與實用性。**

給予批評時，必須傳達出這樣一個訊息：只要做出正確的行動，就有可能取得成功。要具體地指出問題的本質以及解決的方法。

■ **表揚應當真誠。**

真誠的表揚才能增強而非削弱他人的動力。過於浮誇、籠統或頻頻表揚，都會讓人覺得虛假。請把表揚留給真正值得讚賞的成就。

■ **對事不對人。**

你應該表揚可以控制的行為，強調勤奮、決心與毅力，或是他選對了執行的方法和策略，而不是誇獎他天生的能力。

- **避免和他人比較。**

不要在學生、員工或孩子之間進行相互比較的那種表揚。就算要比較，也該強調過去與現在的差異，強調進步的價值，讓他們更專注於這方面。

- **不能以獲得表揚為目的。**

別讓表揚與獎勵削弱了他人的自主感。讚美具體的成就，尊重別人的選擇與感受，使他們專注於自己所做的事情。寶貴的內在動力需要呵護，只有這樣才能取得成功。

- **表揚必須切合實際。**

不論是表揚或批評，應該始終反映真實且可以達到的標準和期望。別讓誇張的語言（「你可以成為最好的」）把你的學生、孩子或員工禁錮在力求完美的壓力之中。

結語

我強烈反對以絕對的口吻對任何事做出預測，這也許跟我接受的多年訓練有關。說出口的話一定要有憑有據，對於這一點，我時刻銘記在心。但也有可能我只是不想冒險罷了。很多人說我是個非常討厭犯錯的人，誰不是這樣呢？

儘管如此，我對於你的這項預測可以說十分有自信。雖然我還不認識你，但我百分之百確信，當你讀完這本書，你實現目標的能力已經比過去更強了。

我在書中描述的每一項動機原則和每一項建議，你都可以實際派上用場。我希望你讀完本書後，對自己有全新的一番認識，審視自己過去哪裡做得好，哪裡出了錯，也希望你知道如何改正那些錯誤，重新回到追求目標的軌道。

在實現目標的道路上，沒有什麼問題是無法解決的。你可以提高自制力並加以運用，可以做更有效的計畫安排，可以學會更加切合實際的樂觀，可以增強毅力，可以用對你來說更容易且更有趣的方式理解某個目標，還可以選擇合適的策略，淘汰無效的策略。如果有必要也有正確的理由，你當然也可以放棄某個目標，使你成為更快樂、更健康的人。

我知道你能做得到，而且你不需要任何特殊的天賦，你不必變成別人也能成功。你需要的是真正有用的知識，為目標而行動的意願，以及些許的練習。讀了這本書，你就擁有了實現目標所需的知識。選擇這本書，也證明你有實現目標的意願。現在，該把這一切付諸行動了。

如果你準備好了，現在就啟航吧！

特別收錄

現在你已經讀完這本書了，若你覺得書中介紹的新方法太多了，讓你一時吃不消，不要緊。我在這個專業領域打拼了二十年，偶而當我想實現某個目標時，仍然會忘記自己該怎麼做才對，或想不透自己到底哪裡做錯了。為此，我在書末增加了「特別收錄」單元，希望能給予你更多實質的幫助。

這個單元第一部分是我為《哈佛商業評論》（*Harvard Business Review*）的網站撰寫的一篇文章，題目是〈成功人士與眾不同的九項觀念〉（*Nine Things Successful People Do Differently*）。文章汲取了這本書的精華，將其濃縮為可以一再翻閱的九項「原則」。你可以將它列印出來，釘在辦公桌前或貼在冰箱上，以便經常提醒自己。

第二部分的內容為「目標的故障診斷與解決方案」。我為我的網站製作了這個問答環節，幫助網友們釐清自己在實現目標的過程中遇到什麼樣的困難，準確地找出問題點。搞清楚問題是什麼之後，還能找到解決辦法，指引你參考這本書的哪一個章節，翻出符合你特定問題的答案。

我希望這個單元能幫助你更有效地運用這本書中的知識。有人曾問我，希望讀者怎樣利用這本書？我回答，我希望他們能夠經常翻一下，希望這本書能夠幫助他們克服人生中的種種挑戰。今天，你的問題也許是拖延，明天，你的問題可能是誘惑。不同的問題，需要採用不同的策略。但不論什麼時候，只要你在追求目標時遇到了麻煩，回頭讀一讀這本書，說不定就能找到你需要的答案。

成功人士與眾不同的九項觀念

為什麼你追求某些目標時很順利，追求另一些目標卻顯然不是很成功？如果你不確定，那讓我來告訴你。這種困惑很多人都有，事實證明，就算是極度聰明，或是已經擁有許多成就的人，在談到他們為什麼成功或為什麼失敗時，也經常說不出個所以然來。你可能會直覺地認為，自己擁有某方面天生的才能，但是在另一些方面卻缺乏稟賦，但這只是一小部分原因，無法完全回答你的問題。事實上，成功人士之所以能達成目標，不僅僅因為他們是什麼樣的人，更大一部分是因為他們做了什麼事情。

1. 目標明確。

設定目標儘可能明確。「減掉四、五公斤體重」比「減重」更好，因為它讓你清楚知道成功的標準在哪裡。明白自己想要做什麼，或是做到什麼地步，能夠持續激勵你，直到你真正做到為止。此外，你必須思考，為了實現目標需要採取哪些具體行動。只是承諾「少吃一點」或「多睡一點」未免太過模糊，你需要清晰而精確的行動，不要給自己任何猶豫或懷疑的空間，例如「平日晚上十點準時睡覺」，不論最後是否真的有做到。

2. 把握行動的時機。

鑒於大部分的人每天都很忙，也有很多目標要完成，可以想見我們經常錯失實現目標的時機，因為我們根本沒有注意到它的出現。你真的沒有時間完成今天該做的運動嗎？你真的忙到沒有時間去回那通電話嗎？實現目標有時很簡單，只要你能把握時機，別讓它溜走了。

事先計畫好你要在什麼時候、什麼地方採取什麼行動，重點是，步驟最好儘可能明確，例如「週一、週三和週五，上班前去健身房運動半小時」。研究表示，這種計畫可以幫助你的大腦在時機出現時立刻察覺，並且立刻採取行動。這個方法可以使你的成功率提高30%。

3. 時時確認進度，看清楚前方還有多長的路要走。

實現目標，需要誠實地定期審視進度——如果不是由別人來監控，最好就是自我監控。如果你不知道自己做到哪裡了、做得好不好，你就無法適當地調整行動和策略。自我監控的頻率取決於你的目標，有些目標可能需要每週甚至每天觀察。

4. 做一名現實的樂觀主義者。

你在設定目標時，肯定會積極思考實現目標的一切可能性。相信自己有能力實現目標，有助於產生並保持前進的動力。但是，不論你做什麼，不要低估目標的難度。大多數值得奮鬥的目標都需要花時間精心計畫，付出努力，堅持不懈。研究表示，若是認為自己可以輕易實現目標，反而會害你在遇上問題或障礙時缺乏準備，使失敗的可能性大增。

5. 努力「謀求進步」而非「展示才華」。

相信自己能夠實現目標固然重要，但同樣重要的是，相信自己可以獲得實現目標的能力。很多人認為，我們的智商、個性和身體條件都是天生的，不論我們做什麼，都不可能改變或改善它們。這種想法會導致我們著眼於證明自己能力，而不是著重於提升和獲取新的技能。

幸運的是，經過數十年的研究結果，心理學家證實了能力固定不變（固定論）的這種想法是完全錯誤的。我們的各種能力都具有極大的可塑性。相信自己可以改變，並且樂於接受這個事實，才能做出更好的選擇，發揮最大的潛力。以「謀求進步」而非「展示才華」為目標的人，較能夠從容應對困難，也比其他人更能夠享受追求目標的奮鬥過程。

6. 有毅力。

毅力使人致力於實現長遠目標，並且在面對困難時百折不撓。研究表示，有毅力的人平均接受教育的程度與比例更高，在大學的平均成績也更高。毅力可以預測西點軍校有多少新生可以成功度過艱苦的第一年，甚至可以預測全國拼字比賽的決賽選手能否在比賽中奪冠。

好消息是，如果你覺得現在的自己並不是特別有毅力，可以想辦法改變。缺少毅力的人通常認為自己不具備成功人士所擁有的天賦，如果你也是這樣想的，我只能說你錯得離譜。正如我之前提到的，付出努力、精心策畫、堅持不懈，以及採用正確的方法，才是成功之道。掌握這些知識，不僅能使你更準確了解自己及你的目標，還能奇跡般地提升你的毅力。

7. 增強自制力。

自制力就像身體的肌肉一樣，長時間不去練它，它就會鬆鬆垮垮，越發無力。

一旦經常鍛鍊，它就會愈練愈強。

想要增強自制力，你得接受一些自己不喜歡的挑戰，例如放下高熱量的零食、每天做一百個仰臥起坐、隨時提醒自己站直身子不要駝背，或是學習一項新的技能。當你退縮、想要放棄或感到厭煩時，堅持下去！從一件事情開始著手，為可能出現的困難制定對策，比如對自己說「如果我很想吃零食，那就吃一口新鮮水果或三塊乾果」。萬事起頭難，只要願意去做，就會逐漸變得容易。隨著自制力增強，你就可以接受更多的挑戰，加強訓練。

8. 不去挑戰命運。

不管你的自制力有多麼強大，你始終得尊重一個事實：人的自制力是有限的。如果超過了它的限度，你會暫時感到筋疲力盡。不要同時執行兩件或兩件以上具有挑戰性的任務，例如在戒菸的同時節食。避開誘惑，不要明知故犯；很多人過度自信，結果卻害自己身陷於誘惑的泥沼中，無法自拔。成功人士深知一項成功的祕訣，他們不會故意把目標設得太難，難到超越自己自制力的極限。

9. 把注意力放在你要做的事情，而不是你不要做的事情。

你想成功減肥、戒菸和改掉壞脾氣？那就思考如何用好習慣來取代這些壞習慣，不要成天只是盯著這些壞習慣。研究表示，你越是抑制某個念頭，這個念頭就會在你的大腦中越發活躍——這就是思考抑制。這個道理同樣適用於人們的行為，當你越是努力不要養成壞習慣，壞習慣反而會變得根深蒂固。如果你想改變自己的行為模式，問問自己，你還可以做點別的什麼呢？例如，你想控制住脾氣，就得制定一個計畫，好比「如果我開始感到憤怒，那就深呼吸三次，讓自己平靜下來」。利用深呼吸這個替代行為來緩和怒氣，練習久了，你的壞習慣就會慢慢消失。

目標的故障診斷與解決方案

當我們努力實現艱鉅的目標時，總會想了解為什麼會一開始就遇上這麼多麻煩，但這還不是最大的問題。我們時常用直覺去判斷成功或失敗的原因，但我們的直覺並不是十分準確，所以往往會把所有的不順歸咎到錯誤的原因上。

想要回到正軌，首先要搞清楚是什麼讓你偏離正軌。試著回想某個你難以實現的目標，並試著透過下列簡短的問答，來發現問題可能出在什麼地方。

幸好，不論我們在追求目標的過程中遇到什麼樣的陷阱，都有相應的解決辦法。下列提到的每一種解決辦法，都能翻回到相應的章節，參考更詳細的說明。

1. 你是不是經常發現日子不知不覺過去，你卻沒有任何實際的行動，來實現你的目標？如果是的話……

問題點：無法把握時機，讓機會溜走。

解決辦法：制定「如果……那就」計畫，精準地寫下你會在什麼時間、什麼地點採取什麼樣的行動，可使成功率倍增（第九章）。

2. 生活中的其他目標，是否妨礙了你實現眼前的這個目標？如果是的話……

問題點：想要兼顧相互衝突的目標。

解決辦法：重新評估你的目標，衡量他們真正需要付出的代價與報酬（見第十二章）。為你的目標制定更多「如果……那就」計畫（第九章）。

3. 你是不是認為，實現目標取決於你是否具有某種特定的能力，而那種能力要麼就有，要麼就沒有？如果是的話……

問題點：你相信能力是與生俱來且不可改變的。

解決辦法：了解人們的能力並不是單純地以天賦為基礎，以及你該如何提升自己的能力（第二章）。

4. 你是否經常感到沮喪，並且徹底放棄某個目標已經好長一段時間了呢？如果是的話……

問題點：你過度專注於展示才華，而非謀求進步。

解決辦法：學會重新聚焦目標，並且了解自己為什麼要這麼做（第三章）。

5. 你是不是很想做某件與你的目標相衝突的事情，就是無法抵抗那種誘惑？如果是的話……

問題點：你需要更多的自制力。

解決辦法：增強自制力（第十章）。

6. 在某些時刻，你抵抗誘惑的能力是不是特別弱？如果是的話……

問題點：自制力使用過度，消耗殆盡。

解決辦法：學習如何恢復自制力，或者制定「如果……那就」計畫作為備案（第九章和第十章）。

7. 你是不是堅持採用某種特定策略來實現你的目標？如果是的話……

問題點：你可能沒有採用最適合這個目標或最適合你的方法。

解決辦法：找出最能幫助你激發動力的人事物，藉此選擇最適合你的方法來實現目標（第四章）。

8. 你是不是相信自己最終會實現這個目標？如果不是的話……

問題點：你需要相信自己能夠成功。

解決辦法：集中精力，培養樂觀精神，了解你為什麼應當對自己有信心（第十一章）。

9. 你是不是將實現目標的場景描繪得很輕鬆、很容易？如果是的話……

問題點：你不是一個切合實際的樂觀主義者。

解決辦法：了解「積極思考」為什麼也有可能會導致失敗，以及樂於接受挑戰將會帶來什麼樣的回報（第二章和第十一章）。

致謝

如果沒有我的好朋友兼經紀人加爾斯・安德森（Giles Anderson）堅定的支持與卓越的指導，我不可能寫完這本書，更不可能出版。

通常寫慣了學術型論文的作者，寫出來的東西都很糟糕。我們會創造一些新的詞語來代替原本好端端的詞。我們非要把某個簡單而直接的想法拐彎抹角地說出來。我們接受多年的訓練，深諳如何用極其無聊的方式闡述十分有趣的想法。所以我必須感謝我那神奇又充滿耐心的編輯卡蘿琳・薩頓（Caroline Sutton），是她適時地把我從舊習慣中撈出來。

我要對許多幫助過我了解動機學原理的朋友以及心理學界的同仁深表感謝。在這裡要特別感謝我在哥倫比亞大學、紐約大學以及理海大學的同事，特別是肖恩・古費（Shawn Guffey）、戈登・莫斯科維茨（Gordon Moskowitz）、彼得・戈爾維策、加布里艾兒・歐廷珍、傑生・普拉克斯（Jason Plaks）、丹・莫爾登和喬・塞薩里奧（Joe Cesario）。

我在攻讀碩士學位期間，有幸獲得兩位傑出慷慨的導師教導。感謝托瑞・希金斯，他總是幫助我將那些不太成熟的想法塑造成形，然後還要說服我，說那都是我的功勞。庫爾特・勒溫（Kurt Lewin）曾說過：「再沒什麼比優秀的理論更加實際的了。」是托瑞讓我相信了這句話。

我從卡蘿・杜維克那裡學到太多東西，其中和這本書關係最緊密的，是她教我的兩項關鍵技巧，而且常常被學術界所忽略：一是如何講故事，一是如何用直白、正常的語言講故事。事實證明，這兩項技巧確實幫助匪淺。

我要感謝我的丈夫喬納森・霍爾沃森（Jonathan Halvorson）。他克服了他天生的秉性（好的說法是「小心地樂觀」）以及對「過度讚美」的排斥，成為這本書最熱忱、最高調的支持者，極力支持我寫這本書。其實，這證明了嫁給哲學家的一個額外好處，那就是當你不確定某些內容是否符合邏輯時，他從一英里外就能發現其中的邏輯漏洞。

我的父親喬治・格蘭特（George Grant），從我五歲起就把我抱在沙發上教我識字。那本《小火車頭做到了》，他為我唸了將近七千次。我覺得我寫了一本關於動力與毅力的書，真的不是巧合。所以，謝謝你，爸爸，謝謝你給我的靈感（還要感謝你費勁教我識字，我小的時候肯定不怎麼領情）。

如果你喜歡這本書，那真的該謝謝我的媽媽西格麗德・格蘭特（Sigrid Grant）。她是我的聽眾、啦啦隊長兼三十六年來最嚴厲的批評家。她逐字逐句地通讀我的稿子，把很多地方改得更加巧妙。所以，謝謝妳，媽媽，謝謝妳的熱情和耐心，謝謝妳告訴我某些章節的初稿「讀起來就像高中生寫的讀書報告」。要是沒有妳幫我，我真的不知道該怎麼辦。

參考文獻

前言

1. R. F. Baumeister, E. Bratslavsky, M. Muraven, and D. M. Tice, "Ego-Depletion: Is the Active Self a Limited Resource?" *Journal of Personality and Social Psychology* 74 (1998): 1252–65.
2. From the January 2009 issue of *O, The Oprah Magazine.*
3. M. Muraven and E. Slessareva, "Mechanisms of Self-Control Failure: Motivation and Limited Resources," *Personality and Social Psychology Bulletin* 29 (2003): 894–906.
4. M. T. Gailliot, E. A. Plant, D. A. Butz, and R. F. Baumeister, "Increasing Self-Regulatory Strength Can Reduce the Depleting Effect of Suppressing Stereotypes," *Personality and Social Psychology Bulletin* 33 (2007): 281–94.

第一部

第一章

1. E. Locke and G. Latham, "Building a Practically Useful Theory of Goal Setting and Task Motivation," *American Psychologist* 57 (2002): 705–17.
2. G. Latham and E. Locke, "New Developments in and Directions for Goal-Setting Research," *European Psychologist* 12 (2007): 290–300.
3. Items adapted from R. Vallacher and D. Wegner, "Levels of Personal Agency: Individual Variation in Action Identification," *Journal of Personality and Social Psychology* 57 (1989): 660–71.
4. R. Vallacher and D. Wegner, "What Do People Think They're Doing? Action Identification and Human Behavior," *Psychological Review* 94 (1987): 3–15.
5. Y. Trope and N. Liberman, "Temporal Construal," *Psychological Review* 110 (2003): 403–21.
6. S. McCrea, N. Liberman, Y. Trope, and S. Sherman, "Construal Level and

Procrastination," *Psychological Science* 19 (2008): 1308–14.

7. T. Parker-Pope, "With the Right Motivation, That Home Gym Makes Sense," *New York Times*, January 6, 2009.

8. G. Oettingen, "Expectancy Effects on Behavior Depend on Self-Regulatory Thought," *Social Cognition* 18 (2000): 101–29.

9. D. Gilbert, *Stumbling on Happiness* (New York: Knopf, 2006), p. 27.

10. G. Oettingen and E. Stephens, "Mental Contrasting Future and Reality: A Motivationally Intelligent Self-Regulatory Strategy," in *The Psychology of Goals*, G. Moskowitz and H. Grant, eds. (New York: Guilford, 2009).

第二章

1. Items adapted from C. S. Dweck, C. Chiu, and Y. Hong, "Implicit Theories: Elaboration and Extension of the Model," *Psychological Inquiry* 6 (1995): 322–33.

2. C. S. Dweck, *Mindset* (New York: Random House, 2006).

3. Y. Hong, C. Chiu, C. Dweck, D. Lin, and W. Wan, "Implicit Theories, Attributions, and Coping: A Meaning Systems Approach," *Journal of Personality and Social Psychology*

77 (1999): 588–99.

4. C. Erdley, K. Cain, C. Loomis, F. Dumas-Hines, and C. Dweck, "Relations among Children's Social Goals, Implicit Personality Theories, and Responses to Social Failure," *Developmental Psychology* 33 (1997): 263–72.

5. J. Beer, "Implicit Self-Theories of Shyness," *Journal of Personality and Social Psychology* 83 (2002): 1009–24.

6. R. Nisbett, *Intelligence and How to Get It* (New York: W. W. Norton, 2009).

7. L. Blackwell, K. Trzesniewski, and C. Dweck, "Implicit Theories of Intelligence Predict Achievement across an Adolescent Transition: A Longitudinal Study and an Intervention," *Child Development* 78, no. 1(2007): 246–63.

8. R. Nisbett, *Intelligence and How to Get It* (New York: W. W. Norton, 2009).

9. J. Bargh, P. Gollwitzer, A. Lee-Chai, K. Barndollar, and R. Troetschel, "The Automated Will: Nonconscious Activation and Pursuit of Behavioral Goals," *Journal of Personality and Social Psychology* 81 (2001): 1014–27.

10. J. Shah, "Automatic for the People: How Representations of Significant Others Implicitly Affect Goal Pursuit," *Journal of Personality and Social Psychology* 84 (2003):

661–81.

11. H. Aarts, P. M. Gollwitzer, and R. R. Hassin, "Goal Contagion: Perceiving Is for Pursuing," *Journal of Personality and Social Psychology* 87 (2004): 23–37.

第二部

第三章

1. Items adapted from H. Grant and C. Dweck, "Clarifying Achievement Goals and Their Impact," *Journal of Personality and Social Psychology* 85 (2003): 541–53.
2. A. J. Elliot, M. M. Shell, K. Henry, and M. Maier, "Achievement Goals, Performance Contingencies, and Performance Attainment: An Experimental Test," *Journal of Educational Psychology* 97 (2005):630–40.
3. L. S. Gelety and H. Grant, "The Impact of Achievement Goals and Difficulty on Mood, Motivation, and Performance," unpublished manuscript, 2009.
4. H. Grant and C. S. Dweck, "Clarifying Achievement Goals and Their Impact," *Journal*

of Personality and Social Psychology 85, no. 3 (2003): 541–53.

5. D. VandeWalle, S. Brown, W. Cron, and J. Slocum, "The Infl uence of Goal Orientation and Self-Regulation Tactics on Sales Performance: A Longitudinal Field Test," *Journal of Applied Psychology* 84 (1999): 249–59.
6. K. A. Renninger, "How Might the Development of Individual Interest Contribute to the Conceptualization of Intrinsic Motivation?" in *Intrinsic and Extrinsic Motivation: The Search for Optimal Motivation and Performance*, C. Sansone and J. M. Harackiewicz, eds. (New York: Academic Press, 2000), pp. 375–407.
7. A. Howell and D. Watson, "Procrastination: Associations with Achievement Goal Orientation and Learning Strategies," *Personality and Individual Differences* 43 (2007): 167–78.
8. R. Butler and O. Neuman, "Effects of Task and Ego Achievement Goals on Help-Seeking Behaviors and Attitudes," *Journal of Educational Psychology* 87 (1995): 261–71.
9. H. Grant, A. Baer, and C. Dweck, "Personal Goals Predict the Level and Impact of Dysphoria," unpublished manuscript, 2009.

第四章

1. E. T. Higgins, "Beyond Pleasure and Pain," *American Psychologist* 52 (1997): 1280–1300.
2. J. Keller, "On the Development of Regulatory Focus: The Role of Parenting Styles," *European Journal of Social Psychology* 28 (2008): 354–64.
3. A. Y. Lee, J. L. Aaker, and W. L. Gardner, "The Pleasures and Pains of Distinct Self Construals: The Role of Interdependence in Regulatory Focus," *Journal of Personality and Social Psychology* 78 (2000): 1122–34.
4. J. Shah and E. T. Higgins, "Expectancy X Value Effects: Regulatory Focus as Determinant of Magnitude and Direction," *Journal of Personality and Social Psychology* 73 (1997): 447–58.
5. J. Förster, H. Grant, L. C. Idson, and E. T. Higgins, "Success/Failure Feedback, Expectancies, and Approach/Avoidance Motivation: How Regulatory Focus Moderates Classic Relations," *Journal of Experimental Social Psychology* 37 (2001): 253–60.
6. E. T. Higgins, R. S. Friedman, R. E. Harlow, L. C. Idson, O. N. Ayduk, and A. Taylor,

"Achievement Orientations from Subjective Histories of Success: Promotion Pride versus Prevention Pride," *European Journal of Social Psychology* 31 (2001): 3–23.

7. J. Norem, *The Positive Power of Negative Thinking* (New York: Basic Books, 2001).

8. P. Lockwood, C. H. Jordan, and Z. Kunda, "Motivation by Positive or Negative Role Models: Regulatory Focus Determines Who Will Best Inspire Us," *Journal of Personality and Social Psychology* 83 (2002): 854–64.

9. L. Werth and J. Förster, "How Regulatory Focus Infl uences Consumer Behavior," *European Journal of Social Psychology* 36 (2006): 1–19.

10. E. T. Higgins, H. Grant, and J. Shah, "Self-Regulation and Quality of Life: Emotional and Non-emotional Life Experiences," in *Well-being: The Foundations of Hedonic Psychology,* D. Kahnemann, E. Diener, and N. Schwarz, eds. (New York: Russell Sage Foundation, 1999), pp. 244–66.

11. E. Crowe and E. T. Higgins, "Regulatory Focus and Strategic Inclinations: Promotion and Prevention in Decision Making," *Organizational Behavior and Human Decision Processes* 69 (1997): 117–32.

12. N. Liberman, L. C. Idson, C. J. Camacho, and E. T. Higgins, "Promotion and Prevention

Choices between Stability and Change," *Journal of Personality and Social Psychology* 77 (1999): 1135–45.

13. A. L. Freitas, N. Liberman, P. Salovey, and E. T. Higgins, "When to Begin? Regulatory Focus and Initiating Goal Pursuit," *Personality and Social Psychology Bulletin* 28 (2002): 121–30.

14. R. Zhu and J. Meyers-Levy, "Exploring the Cognitive Mechanism That Underlies Regulatory Focus Effects," *Journal of Consumer Research* 34 (2007).

15. D. Molden, G. Lucas, W. Gardner, K. Dean, and M. Knowles, "Motivations for Prevention or Promotion following Social Exclusion: Being Rejected versus Being Ignored," *Journal of Personality and Social Psychology* 96 (2009): 415–31.

16. E. T. Higgins, "Regulatory Fit in the Goal-Pursuit Process," in *The Psychology of Goals,* G. Moskowitz and H. Grant, eds. (New York: Guilford, 2009).

17. H. Grant, A. Baer, E. T. Higgins, and N. Bolger, "Coping Style and Regulatory Fit: Emotional Ups and Downs in Daily Life," unpublished manuscript, 2010.

18. J. Förster, E. T. Higgins, and A. Taylor Bianco, "Speed/Accuracy in Performance: Tradeoff in Decision Making or Separate Strategic Concerns?" *Organizational Behavior*

and Human Decision Processes 90 (2003): 148–64.

19. D. Miele, D. Molden, and W. Gardner, "Motivated Comprehension Regulation: Vigilant versus Eager Metacognitive Control," *Memory & Cognition* 37 (2009): 779–95.
20. L. Werth and J. Förster, "The Effects of Regulatory Focus on Braking Speed," *Journal of Applied Social Psychology* (2007).
21. P. Fuglestad, A. Rothman, and R. Jeffery, "Getting There and Hanging On: The Effect of Regulatory Focus on Performance in Smoking and Weight Loss Interventions," *Health Psychology* 27 (2008): S260–70.
22. A. L. Freitas, N. Liberman, and E. T. Higgins, "Regulatory Fit and Resisting Temptation during Goal Pursuit," *Journal of Experimental Social Psychology* 38 (2002): 291–98.
23. A. D. Galinsky and T. Mussweiler, "First Offers As Anchors: The Role of Perspective-Taking and Negotiator Focus," *Journal of Personality and Social Psychology* 81(2001): 657–69.

第五章

1. R. Ryan and E. Deci, "Self-Determination Theory and the Facilitation of Intrinsic

Motivation, Social Development, and Well-being," *American Psychologist* 55 (2000): 68–78.

2. M. E. P. Seligman, *Authentic Happiness* (New York: Free Press, 2004).
3. M. Hagger, N. Chatzisarantis, T. Culverhouse, and S. Biddle, "The Processes by Which Perceived Autonomy Support in Physical Education Promotes Leisure-Time Physical Activity Intentions and Behavior: A Trans-Contextual Model," *Journal of Educational Psychology* 95 (2003): 784–95.
4. G. C. Williams, V. M. Grow, Z. R. Freedman, R. M. Ryan, and E. L. Deci, "Motivational Predictors of Weight Loss and Weight-Loss Maintenance," *Journal of Personality and Social Psychology* 70 (1996): 115–26.
5. G. C. Williams, Z. R. Freedman, and E. L. Deci, "Supporting Autonomy to Motivate Patients with Diabetes for Glucose Control," *Diabetes Care* 21 (1998): 1644–51.
6. R. M. Ryan, R. W. Plant, and S. O'Malley, "Initial Motivations for Alcohol Treatment: Relations with Patient Characteristics, Treatment Involvement and Dropout," *Addictive Behaviors* 20 (1995): 279–97.

7. A. Greenstein and R. Koestner, "Autonomy, Self-Efficacy, Readiness and Success at New Year's Resolutions," paper presented at the meeting of the Canadian Psychology Association, Ottawa, Ontario, Canada, 1994.
8. E. L. Deci, J. Nezlek, and L. Sheinman, "Characteristics of the Rewarder and Intrinsic Motivation of the Rewardee," *Journal of Personality and Social Psychology* 40 (1981): 1–10.
9. D. I. Cordova and M. R. Lepper, "Intrinsic Motivation and the Process of Learning: Beneficial Effects of Contextualization, Personalization, and Choice," *Journal of Educational Psychology* 88 (1996): 715–30.
10. E. J. Langer and J. Rodin, "The Effects of Choice and Enhanced Personal Responsibility for the Aged: A Field Experiment in an Institutional Setting," *Journal of Personality and Social Psychology* 34 (1976): 191–98.
11. R. M. Ryan, S. Rigby, and K. King, "Two Types of Religious Internalization and Their Relations to Religious Orientations and Mental Health," *Journal of Personality and Social Psychology* 65 (1993): 586–96.

第七章

1. T. Chartrand, J. Huber, B. Shiv, and R. Tanner, “Nonconscious Goals and Consumer Choice,” *Journal of Consumer Research* 35 (2008): 189–201.

第三部

第八章

1. Charles S. Carver and Michael F. Scheier, *Attention and Self- Regulation: A Control-Theory Approach to Human Behavior* (New York: Springer, 1981).

第九章

1. C. J. Armitage, “Implementation Intentions and Eating a Low-Fat Diet: A Randomized Controlled Trial,” *Health Psychology* 23 (2004): 319–23.
2. C. Armitage, “Efficacy of a Brief Worksite Intervention to Reduce Smoking: The Roles of Behavioral and Implementation Intentions,” *Journal of Occupational Health*

Psychology 12 (2007): 376–90.

3. P. M. Gollwitzer and P. Sheeran, "Implementation Intentions and Goal Achievement: A Meta-analysis of Effects and Processes," *Advances in Experimental Social Psychology* 38 (2006): 69–119.
4. C. Martijn, H. Alberts, P. Sheeran, G. Peters, J. Mikolajczak, and N. de Vries, "Blocked Goals, Persistent Action: Implementation Intentions Engender Tenacious Goal Striving," *Journal of Experimental Social Psychology* 44 (2008): 1137–43.
5. A. Achtziger, P. Gollwitzer, and P. Sheeran, "Implementation Intentions and Shielding Goal Striving from Unwanted Thoughts and Feelings," *Personality and Social Psychology Bulletin* 34 (2008): 381–93.

第十章

1. A. L. Duckworth and M. E. P. Seligman, "Self-Discipline Outdoes IQ Predicting Academic Performance in Adolescents," *Psychological Science* 16 (2005): 939–44.
2. K. Vohs, R. Baumeister, B. Schmeichel, J. Twenge, N. Nelson, and D. Tice, "Making Choices Impairs Subsequent Self-Control: A Limited-Resource Account of Decision

Making, Self-Regulation, and Active Initiative," *Journal of Personality and Social Psychology* 94 (2008): 883–98.

3. M. Muraven, "Building Self-Control Strength: Practicing Self-Control Leads to Improved Self-Control Performance," *Journal of Experimental Social Psychology* 46 (2010): 465–68.

4. M. Oaten and K. Cheng, "Longitudinal Gains in Self-Regulation from Regular Physical Exercise," *British Journal of Health Psychology* 11 (2006): 717–33.

5. M. van Dellen and R. Hoyle, "Regulatory Accessibility and Social Infl uences on State Self-Control," *Personality and Social Psychology Bulletin* 36 (2010): 251–63.

6. J. M. Ackerman, N. J. Goldstein, J. R. Shapiro, and J. A. Bargh, "You Wear Me Out: The Vicarious Depletion of Self-Control," *Psychological Science* 20 (2009): 326–32.

7. D. M. Tice, R. F. Baumeister, D. Shmueli, and M. Muraven, "Restoring the Self: Positive Affect Helps Improve Self-Regulation following Ego Depletion," *Journal of Experimental Social Psychology* 43 (2007): 379–84.

8. M. T. Gailliot, R. F. Baumeister, C. N. DeWall, et al., "Self-Control Relies on Glucose As a Limited Energy Source: Willpower Is More Than a Metaphor," *Journal of*

Personality and Social Psychology 92 (2007): 325–36.

9. R. T. Donohoe and D. Benton, "Blood Glucose Control and Aggressiveness in Females," *Personality and Individual Differences* 26 (1999): 905–11.
10. R. F. Baumeister, T. F. Heatherton, and D. M. Tice, *Losing Control: How and Why People Fail at Self-Regulation* (San Diego, Calif.: Academic Press, 1994).
11. M. Muraven and E. Slessareva, "Mechanisms of Self-Control Failure: Motivation and Limited Resources," *Personality and Social Psychology Bulletin* 29 (2003): 894–906.
12. L. Nordgren, F. van Harreveld, and J. van der Pligt, "The Restraint Bias: How the Illusion of Self-Restraint Promotes Impulsive Behavior," *Psychological Science* 20, no. 12 (2009): 1523–28.

第十一章

1. K. Assad, M. Donnellan, and R. Conger, "Optimism: An Enduring Resource for Romantic Relationships," *Journal of Personality and Social Psychology* 93 (2007): 285–97.
2. A. Geers, J. Wellman, and G. Lassiter, "Dispositional Optimism and Engagement: The

Moderating Infl uence of Goal Prioritization," *Journal of Personality and Social Psychology* 96 (2009): 913–32.

3. S. C. Segerstrom, "Optimism and Attentional Bias for Negative and Positive Stimuli," *Personality and Social Psychology Bulletin* 27 (2001): 1334–43.
4. B. Gibson and D. Sanbonmatsu, "Optimism, Pessimism, and Gambling: The Downside of Optimism," *Personality and Social Psychology Bulletin* 30 (2004): 149–59.
5. L. Sanna, "Defensive Pessimism, Optimism, and Simulating Alternatives: Some Ups and Downs of Prefactual and Counterfactual Thinking," *Journal of Personality and Social Psychology* 71 (1996): 1020–36.
6. N. D. Weinstein, "Unrealistic Optimism about Future Life Events," *Journal of Personality and Social Psychology* 39 (1980): 806–20.
7. P. Harris, D. Griffin, and S. Murray, "Testing the Limits of Optimistic Bias: Event and Person Moderators in a Multilevel Framework," *Journal of Personality and Social Psychology* 95 (2008): 1225–37.
8. J. Ruthig, R. Perry, N. Hall, and S. Hladkyj, "Optimism and Attributional Retraining: Longitudinal Effects on Academic Achievement, Test Anxiety, and Voluntary Course

Withdrawal in College Students," *Journal of Applied Social Psychology* 34 (2004): 709–30.

9. I. D. Rivkin and S. E. Taylor, "The Effects of Mental Simulation on Coping with Controllable Stressful Events," *Personality and Social Psychology Bulletin* 25, no. 12 (1999): 1451–62.

第十二章

1. A. L. Duckworth, C. Peterson, M. D. Matthews, and D. R. Kelly, "Grit: Perseverance and Passion for Long-Term Goals," *Journal of Personality and Social Psychology* 92, no. 6 (2007): 1087–1101.
2. B. Weiner, *An Attributional Theory of Motivation and Emotion* (New York: Springer-Verlag, 1986).
3. R. D. Hess, C. Chih-Mei, and T. M. McDevitt, "Cultural Variations in Family Beliefs about Children's Performance in Mathematics: Comparisons among People's Republic of China, Chinese-American, and Caucasian-American Families," *Journal of Educational Psychology* 79, no. 2 (1982): 179–88.

4. K. Shikanai, "Effects of Self-Esteem on Attribution of Success-Failure," *Japanese Journal of Experimental Social Psychology* 18 (1978): 47–55.

5. R. D. Hess, C. Chih-Mei, and T. M. McDevitt, "Cultural Variations in Family Beliefs about Children's Performance in Mathematics: Comparisons among People's Republic of China, Chinese-American, and Caucasian-American Families," *Journal of Educational Psychology* 79, no. 2 (1982): 179–88.

6. N. Jostmann and S. Koole, "When Persistence Is Futile: A Functional Analysis of Action Orientation and Goal Disengagement," in *The Psychology of Goals*, G. Moskowitz and H. Grant, eds. (New York: Guilford, 2009).

7. C. Wrosch, M. F. Scheier, G. E. Miller, R. Schulz, and C. S. Carver, "Adaptive Self-Regulation of Unattainable Goals: Goal Disengagement, Goal Re-engagement, and Subjective Well-being," *Personality and Social Psychology Bulletin* 29 (2003): 1494–1508.

第十三章

1. M. H. Kemis, J. Brockner, and B. S. Frankel, "Self-Esteem and Reactions to Failure: The

Mediating Role of Overgeneralization," *Journal of Personality* 57 (1989): 707–14.

2. J. Henderlong and M. R. Lepper, "The Effects of Praise on Children's Intrinsic Motivation: A Review and Synthesis," *Psychological Bulletin* 128 (2002): 774–95.

3. C. M. Mueller and C. S. Dweck, "Praise for Intelligence Can Undermine Children's Motivation and Performance," *Journal of Personality and Social Psychology* 75 (1998): 33–52.

國家圖書館出版品預行編目（CIP）資料

實現：達成目標的心智科學 / 海蒂・格蘭特・海佛森（Heidi Grant Halvorson）著；王正林譯. -- 二版. -- 新北市：日出出版：大雁出版基地發行，2024.07
368面；14.8*20.9公分
譯自：Succeed : how we can reach our goals
ISBN 978-626-7460-59-7（平裝）

1.CST: 成功法 2.CST: 生活指導 3.CST: 自我實現

177.2　113007786

實現（二版）
達成目標的心智科學

Succeed: How We can Reach our Goals

作　　者　海蒂・格蘭特・海佛森（Heidi Grant Halvorson）
譯　　者　王正林
責任編輯　李明瑾
協力編輯　吳愉萱
封面設計　謝佳穎
發 行 人　蘇拾平
總 編 輯　蘇拾平
副總編輯　王辰元
資深主編　夏于翔
主　　編　李明瑾
行　　銷　廖倚萱
業　　務　王綬晨、邱紹溢、劉文雅
出　　版　日出出版
發　　行　大雁出版基地
新北市新店區北新路三段207-3號5樓
電話：(02)8913-1005　傳真：(02)8913-1056
劃撥帳號：19983379 戶名：大雁文化事業股份有限公司
二版一刷　2024年7月
定　　價　480元

I S B N　978-626-7460-59-7

Printed in Taiwan